NEIMENGGU LIANGCHENG
DILI YEWAI SHIXI ZHINAN

李晓佳　姜洪涛　主编

内蒙古凉城
地理野外实习指南

中国财经出版传媒集团
经济科学出版社
Economic Science Press

图书在版编目（CIP）数据

内蒙古凉城地理野外实习指南/李晓佳，姜洪涛主编．--北京：经济科学出版社，2022.8
ISBN 978-7-5218-3029-3

Ⅰ.①内… Ⅱ.①李…②姜… Ⅲ.①地理学-教育实习-凉城县-教材 Ⅳ.①K922.64-45

中国版本图书馆 CIP 数据核字（2021）第 226690 号

责任编辑：于 源 陈 晨
责任校对：靳玉环
责任印制：范 艳

内蒙古凉城地理野外实习指南
李晓佳 姜洪涛 主编
经济科学出版社出版、发行 新华书店经销
社址：北京市海淀区阜成路甲 28 号 邮编：100142
总编部电话：010-88191217 发行部电话：010-88191522
网址：www.esp.com.cn
电子邮箱：expex@esp.com.cn
天猫网店：经济科学出版社旗舰店
网址：http://jjkxcbs.tmall.com
北京季蜂印刷有限公司印装
787×1092 16 开 10.75 印张 230000 字
2022 年 8 月第 1 版 2022 年 8 月第 1 次印刷
ISBN 978-7-5218-3029-3 定价：45.00 元
（图书出现印装问题，本社负责调换。电话：010-88191510）
（版权所有 侵权必究 打击盗版 举报热线：010-88191661
QQ：2242791300 营销中心电话：010-88191537
电子邮箱：dbts@esp.com.cn）

前　言

地理科学专业是门实践性很强的学科。在专业培养方面要求学生具有系统、扎实的基本理论和野外实践操作技能，这是地理专业培养学生的基本要求，也是地理学专业的属性所决定的，因此开展野外实践是培养学生的不可或缺的环节。

本着实践、理论、再实践的原理，为了加深同学们对课堂上所学到知识的理解以及认识自然界丰富多彩的地理现象，把理论和实践结合起来，以弥补课堂之不足，使同学们对课堂上学的知识掌握更牢靠，并进一步培养同学们分析问题和解决问题的能力，学校在每年暑期安排各年级学生进行区域地理、自然地理等相关野外学习。

内蒙古凉城县具备地理科学专业学生实习所要求的条件，该区域一直作为内蒙古师范大学地理实习的重点区域，经过内蒙古师范大学地理学院诸如苏根成、赛西雅拉图、海春兴、郝润梅等前辈老师们的多年努力建设，确定了相对成熟的实习线路及实习点。为了更好地进行野外师资队伍的延续建设及方便学生搜集实习素材，组织编写了本书。本书作为凉城地理实习指导用书，沿着实习线路描述了各实习点的植被、土壤、地质地貌、水文等方面的自然地理特征，总结了此区域的人文地理要素。同学们通过阅读能从沿途实习要素中获取更多知识，帮助其提升观察地理要素和综合思考分析问题的能力，培养其从感性到理性、从现象到本质，进而更好地认识地理这门综合性学科。

本书作为地理实习指导材料，可供区域内地理实习院校学生实习参考，亦可为全国地理联合实习提供内蒙古中西部地理相关内容。

本书的出版得到内蒙古师范大学国家一流本科专业土地资源管理专业、地理科学专业及"蒙古高原干旱生态系统土地退化与防治研究（112/29K01282）"项目的支持。内蒙古自治区土地利用与整治工程技术研究中心给予大力帮助，在此深表谢意。

由于编者水平有限，不足之处敬请读者指正。

目 录

第一章 区域地理概况 ·· 1
    第一节 区域自然地理概况 ·· 1
    第二节 区域资源与环境 ·· 6

第二章 凉城地区地理学实习计划 ··· 17
    第一节 实习目的和实习要求 ··· 17
    第二节 实习线路与实习内容 ··· 18

第三章 地质学野外实习 ·· 32
    第一节 凉城地质教学实习基本内容 ··· 32
    第二节 地质野外实习基本方法 ·· 34

第四章 地貌学野外实习 ·· 43
    第一节 凉城地貌野外实习基本内容 ··· 43
    第二节 地貌野外调查 ·· 49

第五章 气象气候野外教学实习 ·· 51
    第一节 气象气候教学实习基本内容 ··· 51
    第二节 凉城气象气候基本特征 ·· 51
    第三节 气候调查和基础研究的基本技能 ··· 63

第六章 植物地理野外教学实习 ·· 68
    第一节 植物地理教学实习的目的与要求 ··· 68
    第二节 植物地理教学实习的基本内容 ·· 71

第七章 土壤地理野外教学实习 ·· 88
    第一节 土壤地理实习基本内容 ·· 88
    第二节 土壤调查 ·· 112

第八章　水文水资源野外教学实习……………………………………123
　　第一节　水文要素基本观测方法……………………………………123
　　第二节　水文野外实习的内容和方法………………………………124

第九章　人文地理野外教学实习………………………………………136
　　第一节　凉城县人文地理概况………………………………………137
　　第二节　人文地理野外实习…………………………………………142

主要参考文献……………………………………………………………161
附录………………………………………………………………………163

第一章 区域地理概况*

第一节 区域自然地理概况

一、地理位置

凉城隶属乌兰察布市，位于东经112°02′~113°02′、北纬40°10′~40°50′，总面积为3 458.3平方公里。地处阴山南麓、长城脚下、黄土高原东北边缘、内蒙古自治区中南部、乌兰察布市南部，东邻丰镇市，南与山西省左云县、右玉县毗邻，北与卓资县接壤，西与呼和浩特市区和林格尔县交界。西距呼和浩特100公里，南距大同110公里，北距乌兰察布90公里，东距北京400公里。凉城县辖6个镇（鸿茅镇、岱海镇、麦胡图镇、六苏木镇、永兴镇、蛮汉镇）2个乡（天成乡、曹碾满族乡），130个村民委员会、14个居民委员会。

二、地形与地貌

凉城县地形总体特征为四面环山、中怀滩川（盆地）。凉城地区大范围出露第四系地层、晚第三系玄武岩、下太古界上集宁群变质岩，早太古代火成岩零星出露。地貌单元属于阴山山地及丘陵地区，察哈尔熔岩台地与盆地区，岱海南部熔岩台地低山丘陵区。凉城县海拔2 305~1 158米，北部为蛮汉山山系，山体狭而陡峭，最高峰海拔2 305米；南部为马头山山系，山体宽而平缓，最高峰海拔2 042米；中部为内陆陷落盆地——岱海盆地，岱海镶嵌其中。岱海盆地在地质构造上属于地堑式断陷盆地，长轴呈北东南西向分布；南北两侧山地高程1 700~2 000米，水面高程1 200米；盆地基底由太古界上集宁群变质岩构成。盆地北部及西北部为蛮汉山中山及低山丘陵区，主要由太古代片麻岩及花岗片麻岩组成，地形整体向岱海倾斜。盆地南部熔岩台地丘陵区为第三纪末至第四纪初期喷发玄武岩覆盖在太古界变质岩之上，形成熔岩台地；地面高程1 250~2 000米，地形切割强烈起伏较大，冲沟发育。凉城县平均海拔1 731.5米。山地面积为1 654.2平方公里，占总

---

* 本章数据根据乌兰察布市凉城县志编辑委员会：《凉城县志》，内蒙古人民出版社1993年版及凉城县人民政府网站相关内容整理所得。

面积的47.83%；丘陵面积为811.2平方公里，占总面积的23.46%；盆地面积为827.6平方公里，占总面积的23.93%；水域面积为165.3平方公里，占总面积的4.78%；素有"七山一水二分滩"之称。

三、气候特征

凉城县属中温带半干旱大陆性季风气候，气候特征为多风、干燥、降水较为集中、日照时间长、无霜期短。凉城县地形复杂，降水分布不均匀，地方性降水比较明显，夏季以雷阵雨为主，各地降水程度不一，年降水量在350.0~450.0毫米，而水面蒸发量在1938毫米左右，是降水量的4~5倍，年平均湿润系数为0.37。在降水过程中年际变化较大。降水量最多可达790.0毫米，降水量最少时仅201.0毫米。以降雨为主，降雪次之。地方性降水不均匀的特点是：西北部蛮汉山地区年降水量较多，南部马头山地区降水量少于岱海滩、蛮汉山。因蛮汉山较高和山脉走向的缘故，冷空气越过受到阻挡并抬升，使该地区地方性降水较为明显。当冷空气越过蛮汉山、经岱海滩到达马头山地区，势力逐渐减弱，降水相应减少，故在一次性降水过程中，西北部大于东南部。降雪一般在冬季出现，集中在深冬，平均降雪量为33.0毫米，占年降水量的7.8%，降雪最多年份可达76.0毫米（1979年），最少年份为9.0毫米。全县无霜期年平均为120天左右，期中滩地平原区无霜期为109~125天，初霜9月14日至9月20日，终霜5月17日至5月27日。丘陵山区无霜期是77~109天，初霜9月2日至9月14日，终霜5月27日至6月16日。大风多出现于春季，风向多偏西风，年平均风速2.6米/秒，历年各月平均风速最大3.4米/秒（4月），最小1.7米/秒（8月）。最大风速达20米/秒，相当于10级大风。凉城县日照时间较长，年平均日照时数为3026.7小时。

四、植被与生物

植被类型复杂多样，其中包括草原植被、草甸植被、荒漠植被、山地森林植被、山地灌丛植被等。依据生态发生和地理分布，可分为地带性植被类型和隐域性植被类型两大部分。草原植被、荒漠植被是地带性类型。低湿地草甸等，多为隐域性植被类型。

（一）草原植被

草原植被是由多年生的旱生草本植物所组成的植被类型，分布范围很广，一般是在半干旱、半湿润及干旱气候条件下发育形成的。由于水热条件的地区差别，草原植被在历史演化过程中形成了草甸草原、典型草原和荒漠草原三个亚型。草甸草原是由中旱生草类组成，分布在草原区的偏湿润部分。典型草原是由标准的草原旱生植物所组成，分布在半干旱气候区，即草原去的中心部位，范围最广。荒漠草原是由旱生适应性最强的草本植物组成的，分布于草原区最干旱部位。典型草原和荒漠草原都很发达，群落类型也比较多样，广泛分布的主要群系是克氏针茅草原和小针茅草原、短花针茅草原。

克氏针茅草原广泛分布于阴山丘陵以北，荒漠草原以南，这种草原植被呈大面积分布，并集中分布于典型草原的腹部，一般不进入森林草原和荒漠草原，克氏针茅有时也渗入荒漠草原内，但不成优势植物。克氏针茅草原分布的地形条件主要是开阔平缓的高平原以及和缓起伏的丘陵坡地，要求的气候条件是中温半干旱类型，全年降水量为 250～350 毫米，湿润系数为 0.3～0.6。这种草原的发育都是依赖于大气降水，不受地下水直接影响。土壤条件多是壤质、沙壤质或含有砾石的栗钙土。总之，克氏针茅草原是发育在典型地带性的生境。

本氏针茅草原主要分布在县城南部。这些地区已有长期农业耕种的历史，土地已被广泛开垦。因此，原生的天然植被保持不多，难以找到大面积的原生类型，在多年闭耕的撂荒地上，可见到此生的本氏针茅草原群落的片段。本氏针茅草原多分布于受侵蚀的黄土性土壤上，植被的稳定性很差，往往被百里香占优势的小半灌木群落所替代。在丘陵顶部或土壤质粗糙的地段，可见到小面积的原生类型。

小针茅草原是典型的荒漠草原群系，分布于典型牧区境内，即高平原的台面上。要求的土壤主要是暗棕钙土和棕钙土，土壤腐殖层浅薄，肥力较低，土壤水分很不足。小针茅草原生产力是不高的，是单位面积产草最低的一类草原。但是，很适合养羊的优良牧场，牧草的营养价值较高，能促进家畜的肥育。在今后的牧业生产中，应利用局部的地形及水利灌溉条件，建立一些人工饲料地，是具有重要意义的。

短花针茅草原是呈东西条带状分布，是典型草原向荒漠草原过渡的一个特殊类型，要求土壤是淡栗钙土和暗棕钙土，湿润度大约是 0.3。该群落的主要组成植物有隐子草、冷蒿、细叶苔、葱类、伏地肤、兔唇花、草芸香、燥原荠、天冬、叉枝鸦葱等，该草场是良好的放牧场。

（二）荒漠植被

荒漠植被主要分布于北部高平原的低洼地上，呈放射状分布。主要有红沙、丛生小禾草群落，这是最有代表性的群落类型，还有红沙、葱类、红沙小半灌木、红沙藏锦鸡儿等。地表多砾石，在风蚀的作用下，局部有复沙，在红沙、珍珠等小灌木的基部形成小丘状堆，土壤一般为淡棕钙土，生产力很低，一般适合放养骆驼和戈壁羊。

（三）山地植被

山地植被在凉城境内，地形较为复杂，有高平原，也有一系列古老的山地，这些不同于水平地带性生境的山地，由于大气、水热等气候，随海拔高程而垂直分化，并且因坡向、坡度等条件的不同，也会发生明显的局部差异。因此山地的土壤、植被必然表现出垂直分布和其地形因素所造成的复杂分布格局。所以山地植被不可能是单一的植被类型,更不是植被系统分类的一级单位,而是由许多不同的植被类型按一定规律组合而成的植被复合体。当然山地植被的类型和组合,因山体的大小、山地的绝对高度、山地的地质条件与地貌结构及山地所坐落的水平地带位置等不同而有显著的差别。山地森林植被的类型是比较多样的,最主要的一类是夏绿落叶林和一些次生林的分布。

白桦林主要分布于大青山以及蛮汉山,是山地森林的主要类型,多出现在1 600～1 800米的山地阴坡上,以幼龄的白桦林、山杨林为主,这是新中国成立后经封育保护而形成的。一般林龄30～50年,树高平均10米左右,郁闭度0.6～0.8以上。在林木组成中好友蒙椴、辽东栎等少量混生。灌木层的代表植物有虎榛子、三裂绣线菊、土庄绣线菊。林下草地植被有苔草、玉竹、黄精、杓兰、柳兰、沙参、金莲花、肾叶唐松草、莓叶萎陵菜、双花花、马先蒿以及蒿类植物。

山杨分布地区和生境与白桦林很相似,而且往往与白桦林相伴生,但山杨林面积小,一般呈小片状零星分布。山杨木材松软,可做建筑器具用材、造纸原料。

(四) 中生山地灌丛植被

高山柳灌丛分布在蛮汉山的顶部1 800米以上的阴坡上。土壤为山地草甸土,处于森林带的上线。高山柳为耐寒的中生灌木,在蛮汉山上随着海拔增高形成了30～50厘米的矮灌丛。高山柳灌丛群落结构分两层,灌木层高1米左右,盖度50%～60%,下层植物有朱芽蓼、苔草、虎耳草、马先蒿、唐松草等中生耐寒植物。

虎榛子灌丛系华北山地常见的一种灌丛,蛮汉山、大青山都有分布。虎榛子通常为林下灌木,在森林破坏后,能单独形成灌丛,其上经常与山杨林、白桦林相接,而下限直接与草原带相接。虎榛子灌丛分布的生境多为石质山坡,土壤为薄层山地棕色森林土或山地灰色灌木林土。伴生的主要灌木为土庄绣线菊、三裂绣菊等;盖度达80%以上。灌丛植物生长茂盛,绝大部分为中生成分,有苔草、山丹、野豌豆、地榆、铃兰、黄精、藜芦、歪头菜、龙芽草、野罂粟等。分布于低山丘陵的灌丛,由于靠近草原,生境干旱,灌丛中有大量草原成分侵入,如白莲蒿、冷蒿、柴胡、远志、多叶棘豆、鸦葱等杂类草,还有大针茅、克氏针茅、冰草、草、羊草等禾草。在受保护的情况下,虎榛子灌丛可以恢复为山杨林或白桦林。

铁杆蒿是半灌木,分布在各个较大的山体上,在山地植被垂直分布系列中,该群落常常分布于山地森林丛带的下部,分布于虎榛子、绣线菊的灌丛以下,与其相结合的山地阳坡是大果榆,西伯利亚杏灌丛,在岩石裸露地段为山蒿群。在半灌木铁杆蒿下层,常出现的是旱生草原种冷蒿、百里香、胡枝子、草、羊草、隐子草等。该群落盖度45%左右,产量也较高,在缺燃料的地方,常被刈割作柴烧,要引起注意。

五、土壤

凉城县土壤类型复杂多样,但是土壤中氮缺磷钾等养分含量普遍较低。灰褐土类:主要分布于北部、西北部及南部,山地一般分布在海拔1 600~2 300米,丘陵一般分布在海拔1 300~1 500米,该土类腐殖质层厚度一般在25~45厘米。栗钙土类:分布于全县海拔1 214~1 600米的陷落盆地平原及堆状丘陵和中低山地,腐殖质层比较薄。面积156 805.15公顷,占全县土壤面积的47.46%,是县境内面积最大的地带性土壤。栗褐土类:分布集中,主要分布在海拔1 400~1 600米的黄土丘陵区。草甸土类:是隐域性土壤,分布于河漫滩及湖滨平原低洼地带,河沟多见,面积8 726.4公顷,占全县总土壤面积的2.63%,腐殖质层厚度一般在20~80厘米。盐土类:分布于岱海湖积盆地四周。沼泽土类:面积小,主要分布于岱海平原的低洼地带。

六、水文

凉城县地表水是由大气降水形成地表径流和河沟洼水羁留两部分组成。全县80%多的地表径流集中于6~9月,西北部降水量大,占全县的40.6%。其次是南部黄土丘陵区,由于植被稀疏,持水性差,径流占22%;岱海滩河川径流量占21.1%;南部和东南部最少。主要的湖泊包括岱海、永兴水泡滩的两处小湖泊等。主要河流包括:弓坝河、五号河、步量河、天成河、永兴河、目花河、索代沟河、太平寨河等。凉城县的河流分属岱海、永定河、黄河三大水系,共有大小沟道310条,沟道总长度为1 914.9公里,平均沟道密度0.55公里/平方公里。加上侵蚀沟,全县平均沟壑密度为2~4公里/平方公里。岱海水系:岱海水系流域面积为2 252平方公里,其中分布在凉城县境内的为1 922平方公里,占全县总流域面积的55.6%。海拔高度在1 225~2 100米。永定河水系:分布在县境东南部,流域面积为433平方公里,占全县总流域面积的12.5%。海拔在1 260~2 042米。黄河水系:分布在县境西南及西北山区,属外流区域,流域面积为1 103.3平方公里,占全县总面积的37.9%,海拔在1 300~2 300米,是大黑河和浑河水系的一部分山区河流有发源于县境外卓资山大榆沟247平方公里的径流量经过县境内岱洲窑沟,注入大黑河。

大气降水为凉城县地下水的主要补给来源,岱海四周的山地、丘陵是地下水的补给区。由于山地丘陵地区地表坡度大,沟谷多而深,而且基岩是花岗片麻岩和玄武岩,渗水性能差,渗水系数为0.04~0.14,集中雨量大部分形成地表径流,少量渗入基岩裂隙,故县境浅层可利用地下水比较贫乏,而且大部分汇聚于岱海滩及陷落盆地。全县地下水年补给量约为0.869 6亿立方米。

第二节 区域资源与环境

一、水资源

凉城县水资源比较丰富。多年大气降水总量平均为14.6亿立方米，其中岱海流域7.8亿立方米，黄河流域5.2亿立方米，永定河流域1.6亿立方米。地表径流总量为2.0083亿立方米，全县地表水、地下水总储量为3.1586亿立方米。当P=75%时，总储量为2.2568亿立方米，其中地表水1.3873亿立方米，地下水0.8696亿立方米。可使用水量为1.4542亿立方米，其中地表水0.996亿立方米，地下水0.4582亿立方米。已利用的水资源0.8411亿立方米，占总水资源的37%。平均每平方公里产水量为5.8亿立方米，人均占有水量为1 352立方米。

二、草地资源

草地是畜牧业的物质基础。搞清草地资源，为发展畜牧业，提高经济效益、生态效益提供科学依据。乌兰察布市属中温带大陆性季风气候。特点是冬季漫长寒冷。多寒潮天气；春季干旱，多大风；夏季短促温热，降水集中；秋季气温剧降，霜冻早临。由于大青山、灰腾希勒把乌兰察布市分为前后山两部分，所以寒潮暴发南下，海洋暖湿气流北移，都受到山体的阻隔，形成前山温暖，雨量较多，山地寒冷较湿润，后山干旱多风，气候特殊。南部山地丘陵相间分布。山区牧草资源丰富。除草地资源外，凉城县的农作物秸秆也很丰富，是半农半牧区、农区发展畜牧业的主要物质条件。

主要草地类型为山地草甸类、山地草甸草原类、山地典型草原类、丘陵典型草原类、平原典型草原类、丘陵荒漠草原类、典型平原荒漠草原类、草原化荒漠类、低温地草甸类。

山地草甸类主要分布于乌盟境内的大青山、灰腾希勒的顶部，地势高而平坦。土壤为灰色森林土和山地草甸土。降水量在350~410毫米，平均气温在1.5℃。该类草地的生境特点是湿而寒，建群植物是莎草科的部分寒生种，主要伴生种是一些中生植物。草群盖度为80%~90%，草层高度为3~10厘米，每公顷产鲜草1 200~1 500公斤。草地面积占总草地面积的1.7%，为Ⅰ等7级，可养7.7万只羊单位。

山地草甸草原类：主要分布在大青山和蛮汉山的阴坡和半阴坡上，海拔在1 000~1 800米，即森林的下线。年平均温度2.5℃左右，降水量300~400毫米。建群种是沙草科苔草属植物，伴生种有地榆、多种野豌豆、石竹、野罂粟、兰盆花、沙参等以及中生灌木虎榛子、绣线菊。每公顷产量为2 250~2 550公斤，为Ⅲ

等6级。

山地典型草原类：主要分布于较大山体的阳坡上。在草甸草原的下线以下。土壤粗糙，蒸发量高，水土流失严重。灌木、半灌木蒿类取代了丛生禾草，占据建群种优势种的地位。百里香的盖度、产量高于冷蒿，致使这类草地的等别下降。面积约26.7万公顷，占草地总面积的4.8%，可养16.4万只羊单位。

丘陵典型草原类的面积较大，占总草地面积的25.4%，是草原带最有代表性的草地，是平原典型草原向山地典型草原过渡的一种类型，草地植被主要是由典型旱生植物组成，也有部分强旱生植物进入，但仍占次要地位。中型禾草组草地又分了三个型。克氏针茅+冷蒿、克氏针茅+百里香，这几个型是典型草原的代表群系，分布较广，面积较大。克氏针茅+百里香是克氏针茅+冷蒿的石生变体，在过度放牧、风蚀、水蚀等因素影响下，使土壤质地砾质化、砾石化，逐步演替为克氏针茅+百里香群落。小半灌木、丛生禾草组：由冷蒿+克氏针茅、冷蒿+短花针茅、冷蒿+本氏针茅、百里香+克氏针茅、百里香+冷蒿、岩蒿+戈壁针茅等组成。这些类型使克氏针茅+冷蒿草地型的放牧演替的变体，克氏针茅+冷蒿草原使典型草原的偏途顶级群落，是由大针茅草原演替而来的。但在各种人为活动的影响下，克氏针茅草原群落也常常发生变化和演替。放牧是引起植被演替的一项重要因素。针茅草原的放牧演替一般是从这两种针茅在群落种的数量变化开始的，连续强度放牧，往往是使大针茅逐渐减少，而克氏针茅数量相对增加，由大针茅占优势的群落变为由克氏针茅占优势的群落，随后克氏针茅的作用也因放牧的影响而受到抑制，渐渐演替而成糙隐子草占优势的次生小禾草草原群落，这种群落在强度放牧过程中最后变为小半灌木冷蒿占优势的次生小半灌群落。一般分布于栗钙土上，土表经常受外部条件的作用，土壤质地变粗，使保水、保肥能力大大减弱，这是耐干旱、贫瘠的冷蒿生长良好生境，使其成为优势种。主要伴生种有克氏针茅、落草、冰草、百里香、羊草、隐子草、蒙古糖苏、狗娃花、花旗杆等旱生植物。产草量每公顷1 050~1 125公斤。Ⅲ等7级。可养49.9万只羊单位。具刺灌木草地组在凉城县境内分布面积较小。土壤为砂质栗钙土，有机质含量较低，在背风坡有覆沙，水分条件中等。植被分两个层片，上层小叶锦鸡儿高达1米左右，丛径60~100厘米；下层的草本层有克氏针茅、冷蒿、羊草、隐子草、冰草、草芸香、阿氏旋花、花旗杆、细叶葱、沙地萎陵菜等。每公顷产鲜草1 500公斤左右。为Ⅱ等7级，可养19.5万只羊单位。因小叶锦鸡儿根系深，分布广，所以很耐旱，在干旱年份里其他植物难以生长发育，而小叶锦鸡儿灌丛仍然生长良好，是灾年的保命草地；在大雪覆盖大地，出现白灾时，家畜仍可采食露于地面的枝叶来充饥。这一类草地多分布于农区，在燃料缺乏的地区，经常有人大量砍伐作柴烧，所以对这类草地一定要很好地管理，合理利用，否则会遭到大面积的破坏。

平原典型草原类：分布较广，面积较大的在后山地区和荒漠草原交错地带上。面积77.1万公顷，占草地总面积的13.7%。植被主要是由典型旱生种组成的。在后山地区也有部分荒漠种侵入。该类中的羊草+克氏针茅型是代表型，是顶级或偏途顶级群落。由于地势平坦，又有丘间谷地，草原在这里发育良好。该型的生境条件多样，平坦开阔的平原和丘间平地，在某些河谷地和低平地上也有羊草草原发育的特殊型。羊草草原的主要土壤是暗栗钙土，土壤质地多为轻壤土，通气状况良好。在乌盟该型不占据最典型的地带性生境，而主要出现在水分有补给的地段。在群落组成中，菊科占19.2%，豆科占23%，禾本科占24.9%。每公顷产鲜草1 350～1 500公斤，为Ⅰ等7级。这类型稍加保护、管理等措施，是理想的打草场。由于放牧强度的增加，羊草草原发生演替。小半灌木冷蒿很容易代替了羊草，成为冷蒿＋克氏针茅群落——羊草草原的变体。

丘陵荒漠草原类：分布于北山丘陵向高平原过渡的隆起带，面积21.2万公顷，占总草地面积的3.8%，是典型草原和荒漠草原的交错带，中旱生和强旱生植物穿插分布。短花针茅＋冷蒿在这里呈东西条带状分布，这是典型草原向荒漠草原过渡所遇到的第一个荒漠草原类型，土壤是淡栗钙土或暗棕钙土。气候湿润度是0.3左右，≥10℃积温在2 000℃～3 000℃。群落的叶层高10～15厘米，生植枝高30～40厘米，在6月下旬，景观特别优美，真有"风吹草低见牛羊"的美景。

典型平原荒漠草原类：分布于牧区，面积最大，169.7万公顷，占全盟草地总面积的30.1%，分布于四子王旗102万公顷，达茂旗67.7万公顷。地形为高平原，海拔在1 000～1 300米，地势平坦而开阔。土壤为棕钙土，年平均气温为4℃，降水量为220.7毫米，蒸发量为2 636.9毫米，是降水量的11.9倍。小针茅＋冷蒿型面积较大，有49.2万公顷，占本类的29%，土壤为棕钙土，沙性大，地表常有小碎石，排水良好，地下水埋藏较深。草群成分较贫乏，每平方米有8～15种植物，草群盖度25%～38%，叶层高5～10厘米。生植枝高10～15厘米，草群结构禾本科42.5%，豆科2.8%，菊科36.5%，百合科3.7%，沙草科0.3%，每公顷产量450～600公斤，为Ⅱ等8级。可养15.8万只羊单位。小针茅＋无芒隐子草型面积有35.1万公顷，占本类20.7%。地形为层状高平原，土壤为棕钙土，质地沙性疏松。优势种是小针茅，次优势种为无芒隐子草。伴生种有沙生针茅、短花针茅、多根葱、阿氏旋花、女蒿、蓍状亚菊、冷蒿、木地肤、草芸香、燥原荠等，一年生草本很丰富，有篦齿蒿、小画眉草、狗尾草，它们共同组成很明显的一年生草本层片，在群落中出现较晚，只有得到降雨，它们便迅速生长，形成了群落背景。对抓膘可起到举足轻重的作用。小针茅＋亚菊型一般分布于高平原微起伏的坡面上，地表砾质程度很强。水分状况很差。亚菊基部由风积作用，形成小地形的起伏。草群组成以丛生禾草和小半灌层片为主。多年生杂草和一年生草本片作用不大。主要伴生种由芯芭、叉枝鸦葱、黄鹌菜，草群盖度20%～25%，每平方米有8～10种植物，有33.4万公顷，可养11.1万只羊单位，为Ⅱ等8级。

草原化荒漠类：是荒漠质量最好的生产力最高的草原化荒漠，是草原向荒漠过渡所遇到的第一个类型。这种类型的气候条件很差。年平均气温4.1℃，平均最高气温29.5℃，极端最高气温39.3℃；降水量为149.8毫米，而蒸发量为287.5毫米。为降水量的19.2倍，风速4.6米/秒，大风天数可达70多天，日照时间

3 269.9 小时。松叶猪毛菜+小针茅、藏锦鸡+小针茅+冷蒿、红沙+珍珠、小针茅+多根葱是该类的代表类型。这种类型生物产量虽高些，但适口性较差，最适宜放养骆驼。面积有60.3万公顷，占总草地面积的10.8%，平均产草量1 107公斤/公顷。

低温地草甸类是隐域性的，因此分布很广，多出现在河流沿岸、河漫滩。山麓冲扇缘的地下水溢出地带，高平原的低洼地和湖淖外围。面积有28.8万公顷，占草地总面积的5.2%。这类草地的水分条件最好，除降水外，尚可接受河流春夏泛水或高处流入的径流水和地下水补给。土壤多为草甸土，有机质丰富，肥力较高。草地植被由于水分和肥料条件优越，草群生长茂密高大，以多年生中根茎型禾草为主，在一些土壤中含盐碱大的地区，高大禾草芨芨草成为建群种和优势种。这类草地的经济价值大，载畜量高，水源方便，是很高的打草场或冬春营地。

三、林木资源

（一）主要林种、树种

全县木本植物有26科105种。人工阔叶树主要为杨树、白榆、家榆、旱柳等；针叶树7种，大部分是1968年以后引进的，尤以华北落叶松、油松、樟子松为主，主要分布于蛮汉山、平顶山海拔1 500米以上的阴坡山地。此外，还有云杉、杜松、侧柏、华山松等，一般作为县内机关团体庭院以及公路绿化的风景树。

天然次森林主要有山杨、白桦、辽东栎，分布在蛮汉山地一带。天然灌木林有沙棘、虎榛子、绣线菊、胡枝子、山杏、山樱桃、五角枫等。人工灌木多以柠条、山杏为主，主要分布在沙荒地、丘陵地区以及山地阳坡一带。

凉城县的森林分以下几类：防护林（包括水源涵养林）、水土保持、防风固沙林、农田牧场防护林、护路护岸林、用材林、经济林、薪炭林、特种用途林。各林种、树种的面积、蓄积统计如表1-1、表1-2及表1-3所示。

表1-1　　　　　　　　各林种面积、蓄积统计

项目	用材林		防护林	经济林	薪炭林	特种用途林	疏林地	四旁地	灌木林	
	天然	人工							天然	人工
面积（公顷）	3 230	15 403	13 625	825	4	1	2 312	2 761	3 733	3 561
蓄积（立方米）	159 742	276 998	160 244				32 883	93 689		

表 1-2　　　　　　　　　　各树种面积、蓄积统计

项目	落叶松	松	樟子松	榆树	白桦	山杨	杨树	柳树	沙棘	柠条	山杏	山樱桃	虎榛子	云杉
面积（公顷）	3 836	372	67	313	3 109	258	31 986	21	1 464	5 817	2 187	160	2 738	7
蓄积（立方米）	5 680	5 220		5 374	153 817	13 848	546 443	618						

表 1-3　　　　　　　　各林种龄组结构及面积、蓄积统计

林种	龄组	面积（公顷）	蓄积（立方米）	备注
用材林	中龄林	4 381	4 381	
	近龄林	2 440	42 282	
	成龄林	2 432	167 994	
	幼龄林	4 567	3 535	
防护林	中龄林	4 332	67 746	表中仅是人工林，天然林未包括在内
	近龄林	2 461	49 096	
	成龄林	2 264	39 867	
	幼龄林	44		
薪炭林	中龄林	2 214		
经济林	幼龄林	61		

（二）天然次生林、灌木林及引进树种

1. 天然次生林主要树种

山杨：杨柳科。落叶乔木，叶近圆形，具波状钝齿。早春先叶开花，雌雄异株，柔荑花序下垂，花药红色，苞片深裂，裂缘有毛，蒴果两裂，最喜光，生长快，不耐水湿。木材白色，轻软，富弹性，供造纸、制家具、建筑等用，萌条可编筐，又为观赏树，主要分布于蛮汉山地一带。

白桦：亦称桦木，桦木科。落叶乔木，树干端直，树皮白色、纸状，分层脱落，小枝细，叶三角状卵形，边缘有不规则重锯齿，侧脉 5~8 对，微有毛或无毛，先叶开花，花弹性，雌雄同株，柔荑花序。果序单生下垂，圆柱形坚果小扁，两侧宽翅，最喜光，抗寒，天然更新容易，为绿化造林的先锋树种，木材供制胶合板、矿柱等用，树皮可提取白桦油，供化妆品香料用，分布于蛮汉山一带。

2. 天然灌木林主要树种

沙棘：俗名酸刺，胡颓子科，落叶灌木或小乔木，枝灰色，叶线状披针形，被银色鳞毛，春季先叶开花，花极小，带黄色，果实广椭圆形，橙黄色，生长不择土

壤，可作固沙植物，叶和果可饲牲畜，分布于县内沙荒、丘陵等地。

绣线菊：蔷薇科，落叶灌木，叶卵形至卵状，长椭圆形，初夏开花，化淡红色，复伞房花序，原产日本，栽培供观赏，在我国中部产有数个变种。

胡枝子：豆科，落叶灌木，二小叶复叶，小叶卵形，倒卵形或椭圆形，先端钝圆，有小尖头或微凹，下面微有平伏细毛，夏秋开花，总状花序腋生。三小花生于一苞腋，红色。荚果宽椭圆形，萌芽性强，根系发达，供绿肥、饲料及营造防护林用。茎皮可取纤维，茎叶可供药用。

柠条（又名锦鸡儿、连针、黄角等）：是一种速生的优良灌木，不怕瘠薄，不畏干旱，适应力极强。其用途主要是：根系发达并有根瘤，枝叶繁茂，具有保土、保水、改良土壤的作用。柠条生长快，产量高，每3公斤柠条可顶炭1公斤，同时是羊的上等饲料，又是压绿肥的好原料，还可编筐作房栈子等。

3. 人工树种

落叶松：松科，落叶松属树种，落叶乔木，叶线形，柔软，在长枝上散生，雌雄同株，球花单生于短枝，球果当年成熟，直立。种鳞不脱落，种子上端有翅，最喜光，耐寒，木材坚实，供建筑、电杆、枕木等用。树皮可提栲胶，又为观赏树，分布于全县16个乡的海拔1 300～2 100米的范围内。

油松：松科。常绿乔木，叶二针一束，粗硬，树脂管边生，球果卵形，种鳞鳞盾肥厚。种子有翅，多组成单纯林，适应干冷气候，喜中性土，耐瘠薄。最喜光，涤根性，木材坚硬，富含松脂，耐用，供建筑、枕木、矿柱等用。又为观赏树，分布在县内三苏木乡西营子北部山地上。

杨树：杨柳科，杨属植物的泛称。落叶乔木，叶长壳阔，花雌雄异株，柔荑花序，苞片边缘常有剪碎状裂片，无花被，有杯状花盘，雄蕊常多数，种子具毛，有多种，常见的如响叶杨、银白杨、毛白杨等。

旱柳：杨柳科，落叶乔木，枝直展或斜上伸长，小枝淡黄色或绿色，叶披针形，耐旱，耐寒，也耐水湿，最见光、生长快，木材白色，轻软，供建筑、器具、薪炭及火药等用，嫩枝可编筐，为蜜源植物及固沙保土护岸林树种，又为观赏树及行道树。

家榆：榆科，落叶乔木，小枝细，灰色或灰白色。叶互生，椭圆状卵形，基部歪斜，具单锯齿或不规则复锯齿。早春先叶开花，翅果不久成熟，喜光、涤根性，耐干冷，生长快，木材纹理直，结构稍粗，可供建筑，亦可制家具、车辆、农具等。根皮可作糊料，叶剪计可杀虫，为平原地区重要造林及绿化树种，又可栽植为行道树，分布于县内蛮汉山一带。

此外，还有华山松、樟子松、杜松及新疆杨和北京杨等树种。

四、土地资源与土地利用

(一) 土地资源概况

全县土地资源中,耕地面积比较多,但90%以上是旱地。旱地中旱坡地多,人均占有土地1.48公顷,比内蒙古自治区人均占有(6.3公顷)少75.4%;比全县人均(1公顷)多54.2%,农林牧有效用地占总面积的80%,均高于自治区和全国水平。

(二) 凉城县土地利用结构

1. 数量结构

据凉城县2000年TM影像解译获取数据得知耕地136 183.72公顷、林地54 832.35公顷、草地112 422.82公顷、水域17 841.55公顷、城乡工矿居民点19 236.21公顷和未利用地5 954.31公顷,分别占全县总土地面积的39.31%、15.83%、32.44%、5.15%、5.55%和1.72%,其中耕地所占比重最大,草地次之。草地和耕地两项指标约占全县总土地面积的71.75%。由此可见,凉城县土地利用程度高,土地利用率达98.18%。在土地利用二级类型中,可以进一步看出凉城县土地利用的数量结构特征:

(1) 耕地面积较大,土地垦殖率较高。其中平原耕地62 901.03公顷,丘陵耕地62 333.24公顷,山地耕地10 949.45公顷,土地垦殖率达39.31%。

(2) 林地资源丰富、结构合理。其中有林地33 351.11公顷,占凉城县林地总面积的60.82%,其余灌木林地、疏林地、其他林地分别占林地总面积的18.74%、18.92%、1.52%,乔灌结合形成防护林带,其覆盖率高于全国平均水平。

(3) 牧草资源比较优越,占全县比重最大。其中高覆盖度草地占草地总面积的57.91%,中覆盖度草地占28.54%,低覆盖度草比例最小,占15.91%。其草地资源的前景比较乐观,为立体固沙,防止水土流失打下良好的基础,但今后要更注意草场的保护。

(4) 水资源比较丰富,多以河渠、湖泊、水库坑塘、滩地等形式存在,其中湖泊占水域总面积的52.29%,水库坑塘占水域总面积的2.47%,滩地占水域总面积的45.24%。

(5) 城乡工矿居民建设用地较小,占全县总土地面积的5.55%,其中城镇用地398.01公顷,占城乡工矿居民用地的2.07%,农村居民点18 838.60公顷,占城乡工矿居民用地的97.93%。

(6) 可挖掘的土地潜力不大,未利用土地中以难利用土地居多。凉城县未利用地仅5 954.31公顷,占全县总土地面积的1.8%,但主要以裸岩、石砾地、盐碱地、沼泽地和沙地形式存在,分别占未利用地面积的5.24%、34.12%、

39.49%、21.13%。

2. 空间结构

凉城县土地资源的开发利用过程中形成了明显的带状分布的特征。从西北向东南可分三个带：西北部蛮汉山农林牧交错分布带、岱海平原耕地带、东南部低山丘陵耕地带。

五、矿产资源与开发

凉城县矿产资源就矿种而言是比较丰富的。有矿种20余种，主要分布在岱海两侧的山区。分金属矿藏、能源矿藏、非金属矿藏三类。金属矿藏已发现的有金、铜、铅、锌、银、铁等，均为矿点或矿化点。其中，金矿有麦胡图乡驼盘脉金矿点；老虎沟（崞县窑乡）、庙沟门、雾柳洼、山神庙北为脉金矿化点；铜铅锌银矿有骆驼山铜铅锌银多金属矿点；铁矿有十八台、侯子窑、田四沟三处铁矿化点。能源矿产已发现的只有褐煤（泥煤）1种，有谋后窑、王三窑、梧柳沟、白土沟、拉贵沟、小保岱沟、小店梁7处。非金属矿藏已发现的有花岗岩、墨玉、水泥用大理岩、浮石、石榴子石、云黏土、电气石、绿柱石、玉髓、石英石、玄武岩等。其中，花岗岩石矿有鞍子山花岗石矿，为中型矿。岱海红1号、2号两个品种在红色花岗岩系列种属比较好的石材品种。墨玉矿主要分布在十三号乡境内。大理岩有程家营乡水泥厂矿山，崞县窑乡水磨沟和麦胡图乡毛不浪营子3处；浮石矿有天成乡二道湾和麦胡图乡常胜大前梁村南2处，质量较好，具有一定规模；石榴子石矿有三庆乡山神庙、东延铺、东湾、高府、院上等矿点；云母矿已发现的矿点主要分布于县境内北部和中部地区，有高家窑、杜岱营、代同沟、郭家窑、五号村、大南沟、西二成功、东延铺、窄沟、十三号村、九号村、畛料沟、东头号、哈朗上、干草胡同、大西沟17处，属伟晶岩型白云母矿点，规模较小；黏土矿已发现的仅有十三号乡水泉庄1处，分布面积较广。水晶矿有厢黄地乡蒿乃沟1处。另外发现东十号乡有电气石矿点、程家营乡后打车沟有绿柱石矿点，多纳苏乡阳坡窑村有火石山玉髓矿化点等。

六、旅游资源与旅游开发

县内蛮汉山、马头山环抱岱海，山水映带，风光秀丽。凉城县已把发展以岱海为中心的旅游事业作为全县的经济和社会发展战略重点。旅游资源优势丰富。主要旅游景点包括：

（一）旖旎胜景天堂——二龙什台国家森林公园

在巍峨起伏的大青山南麓，在浩瀚的岱海湖北岸，坐落着一处集休闲、观光、避暑于一体的绿色宝库———二龙什台国家森林公园。二龙什台国家森林公园位于凉城县蛮汉山林场境内，距呼和浩特45公里。相传在很久以前，一对夫妇从关内迁徙至此，在蛮汉山脚下建起石房，围起石墙，并定居下来，以狩猎、采食为生。一日大雨过后，他们看到蛮汉山云雾缭绕，有两条龙在山上盘旋，便将这里称作二龙什台。走进二龙什台国家森林公园，眼前是一片绿色海洋。公园内以天然白桦林和山杨次生林为主，还有山杏、山樱桃、虎榛子等灌木。人工林有油松、樟子松、华北落叶松等和华山松、天然沙地柏、花楸、胡桃楸、黄波罗等一些珍贵树种。公园内动植物资源丰富，有狼、狍子、獾、猎隼、野兔、野鸡等，还有中草100多种。山顶的高山草甸一望无际，园内四季景色迷人：阳春，冰雪消融，山花烂漫；盛夏，绿草如茵，碧树成荫；深秋，层林尽染，万山红遍；寒冬，雪映山川，银蛇起舞。公园内的人工油松、樟子松林更是苍翠葱茏，雄伟壮观。园内空气负氧离子浓度很高，对人体健康非常有利，是天然疗养院。蛮汉山奇特的山峰、古老的传说，造就出园内许多景观：佛爷洞、神女峰、万年冰窖、林海石长城、望海峰、拜佛亭等，令许多游人流连忘返。二龙什台国家森林公园以其久远的历史、独特的资源、迷人的景致而名扬四海，已成为中外游客向往的"绿色天堂"。真可谓：苍翠林间信步游，蛮汉风光醉意丰，旖旎景色胜天堂。

（二）塞外天池——岱海

岱海古称"天池"，汉称"诸闻泽"，魏曰"盐池"，宋为"鸳鸯泊"，明称"威宁海"，清初谓"代噶淖尔"，光绪初年正式称"岱海"，沿用至今。岱海是内蒙古自治区第三大内陆湖，也是著名的渔业生产基地。有"塞外天池""草原明珠""高原仙湖"之美誉。湖面面积160平方公里，平均水深4米，最深处达17米。岱海由周边20多条河流和中层地下水汇集而成，形成于第三纪造山运动，属典型的内陆淡水湖泊。夏季平均水温在20℃以上，与青岛、北戴河水温相同，基本符合国际天然浴场标准。岱海四周湿地环境保护良好，滩涂草原广阔，有天鹅、大雁、野鸭、银鸥等20多种水鸟栖息。

（三）双耳犹肖——马头山

马头山位于岱海南岸，长城脚下，与蛮汉山同属阴山山脉。马头山绵延百里，主峰海拔2 061米。据《山西通志》《绥远通志稿》记载：马头山因其"形似马首，双耳犹肖"得名。"双耳"是指马头山主峰的两侧各有一块巨石，远眺形如马耳尖翘，又因"长城居其上"，亦称此山为长城岭。春夏之际，山中泉水潺潺、林草葱茏松涛滚滚、一碧万顷；秋天，果实累累、浓香四溢、百鸟嬉戏、悠然自得；冬日，千里冰封、万里雪飘，百里马头山晶莹剔透，蔚为壮观。抗日战争时期，马头山是内蒙古第一个抗日根据地，也是延安通往东北的桥头堡。

（四）怪石嶙峋——哈达山

哈达山位于凉城县老虎山遗址西北处，与石靴湾合二为一，构成凉城又一奇特自然景观。哈达山云蒸霞蔚，怪石嶙峋，山泉集聚汇成巨流，从两山夹缝中飞湍而下，注入石靴湾，形成高山瀑布。

（五）林海松涛——平顶山

平顶山地处凉城县东南部，属马头山山脉。20世纪70年代到80年代，原北泉乡5 000多名劳动大军，在平顶山上栽植了1.2万亩华北落叶松。如今，万亩松林已全部成材，一碧万顷，与高山、草甸相互映衬，成为一处亮丽的风景。

（六）生态公园——猴山

猴山生态园位于岱海镇西南部，东距县城8公里，紧临呼阳公路，交通便利。生态园占地面积1万多亩，园内塑树园门、亭台石雕、曲径幽阶、草木葱茏，是一处集休闲、观光、健身于一体的综合性生态园。环境优美。1991年猴山被凉城县确定为县直属机关义务植树基地，此后每年春、秋两季全县广大干部群众都要在此植树。经过不懈努力，园内的8座荒山、8面坡、7条沟全部完成了生态治理，治理面积达9 000亩。造林树种达19种，其中杨树、落叶松、油松等乔木3 500多亩；山杏、山樱桃等经济林1 000多亩沙棘、柠条、榆叶梅、丁香等灌木林4 500多亩。基础设施完善。生态园聘请了湖北大冶园林设计所对猴山进行了科学规划，建成了一条10公里长、4米宽的环山观光路，还建造了塑树园门、石艺园门各1座。同时，园内配套建设了停车场、公厕等基础设施，并成立了猴山生态园管理所，负责接待游客和管理工作，增强了生态园的服务功能。文化内涵丰富。为突出园内文化色彩，彰显凉城人可歌可泣的绿化精神，生态园组织人员撰写了《猴山生态园碑记》，题写了"惠风和畅公仆数任描画卷，天道酬勤民众万千绘宏图"等四幅楹联，诠释了这座生态之山的文化内涵。

（七）塞外圣泉——中水塘温泉

中水塘温泉位于凉城县岱海镇东北。泉水温度约38℃，日出水量2 740多吨。泉水中含有锶、锂、锌、硒等多种微量元素，用此水洗浴，对治疗风湿性关节炎及皮肤病有显著疗效。随着凉城县旅游事业的快速发展，温泉景区已成为集浴疗、娱乐、餐饮、旅游、住宿于一体的消夏避暑度假中心。

（八）幽静之旅——永兴湖

永兴湖位于县城东南，水域面积约4万平方米。这里绿树婆娑，百鸟啼鸣，草甸如茵，空气清新，蓝天、白云与小桥、流水、人家相映衬，令游者陶醉，行者忘返，堪称幽静、怡情的世外桃源。景区内主要景点有飞来石、佛掌石、蝙蝠山、神龟出湖、闲情垂钓等。

（九）元帅之旅——贺龙革命活动旧址

贺龙革命活动旧址位于岱海镇井沟村，占地面积约4 800平方米，建筑面积

530 平方米，共有 4 个展厅，分复原展、生平展、烽火凉城、丰碑永存四部分。重点陈列了贺龙抗日战争和解放战争时期在凉城时的办公用具、生活用品和革命活动图片资料等革命文物，同时全面反映了凉城人民的革命斗争史。馆内还有高克林、杨植霖、布赫、白成铭、成枫涛、鲁平等 20 多位革命老干部的题词。1937 年 8 月，贺部李井泉、宋时轮支队创建了马头山、蛮汉山抗日根据地；1945 年 8 月至 12 月，贺龙部队收复了田家镇，三驻凉城指挥绥包战役，并在井沟村与当地群众共度春节。贺龙革命活动旧址被内蒙古自治区列为重点文物保护单位和爱国主义教育基地。

第二章　凉城地区地理学实习计划

第一节　实习目的和实习要求

一、实习目的

（1）野外实习是地理教学的重要组成部分，是实践教学不可缺少的环节，也是地理专业课程教学的延伸。通过此次野外实习，使学生了解到野外实习的一般过程，学会如何独立地识别地质、地貌构造及土壤结构，如何通过植被识别、分析地质、地貌与土壤，并充分认识它们之间的相互联系。

（2）在课堂上所学到的自然地理知识和理论到野外实物中进行印证，从而加深对地理问题的理解和记忆，并提高学生的地理思维能力。在野外实习中，学生将课本中的理论知识应用到实践中，达到复习、巩固的目的，实现模拟想象与现实的结合，学习研究地理的方法和解决问题的思路。学生通过野外实地考察，促进理论联系实际，在野外实习过程中印证所学理论，加深对土壤学、地质学和生态学等基本知识和基础理论的理解，同时将学过的知识和理论应用于实际，学习和掌握从事土壤学、生态学和地质学野外研究的调查方法。

（3）让学生接触大自然与社会，对学生集中进行德、智、体、美全面教育，开阔视野、巩固知识，面对自然与社会的地理问题产生兴趣并转化为学好地理专业的动力。

二、实习要求

通过野外实习，认识凉城县的气候特点、地质构造、土壤形成和丘陵盆地的分布规律，了解山地灌丛草原、半干旱草原、草甸和盐生植被，辨认识别植物种类，熟悉了解周边的生活环境，领略大自然的风情，提高生态建设和环保的意识。

第二节 实习线路与实习内容

实习路线为内蒙古师范大学盛乐校区—西沟门—刘家窑—岱海—凉城—蛮汉山。

一、内蒙古师范大学盛乐校区—西沟门

(一) 位置

海拔为 1 213 米 (m);绝对位置:40°35′1.2″N,112°1′45.2″E;相对位置:公喇嘛镇西营子村的西沟门,地处凉城县最西侧,与和林格尔县交界,也是土默特平原与蛮汉山的交界带,属微山坡。

(二) 地貌

蛮汉山、大青山属于阴山系列。阶地为三级,其中人为居住的为一级。这里由平原进入山区,坡度变高,主要为饲料地、周围可见村庄、工矿企业、道路和耕地。山地林业以绿化为目的,因为干旱、缺水,所以大都为人工栽培;平原:绿化呈带状或格状,属于利用率低的地区。山地的底部为高丘陵区。自然景观逐渐消失,变为人为景观。

(三) 植被

植被分布具有地带性,属典型草原,因长期受人类影响,植被遭到破坏。阴阳坡的差异,导致不同的生境环境。观察点所在位置属于山地草原,灌木很少,拥有植物类型如下:铁杆蒿、本氏针茅、须芒草、百里香、达乌里胡枝子、冷蒿、羊草、麻花头、马蔺、并头黄芩等。出于农村土地利用的目的,人工植被主要为小叶杨、山杨山地造林和防护林地。

此处属河谷地貌边缘,周围有阶地形成。我们处在稍高的盆地边缘,有东北—西南走向的大断层上盘上;东侧为第二断层,属于早期的断层。椭圆形的盆地,是岱海盆地西南东北方向延伸的具体表现。岱海周围的地形都高,组成了整个岱海盆地的分水岭,说明岱海过去为凹陷长条形的洼地。

(四) 土壤

观察点的土壤为栗钙土。栗钙土是钙层土的典型性土类,因颜色有些像板栗的外壳而得名。分布的范围很广,在内蒙古自治区,包括黄河后套以东的广大草原地区,差不多占据整个高原面积的1/2,成为内蒙古草原土壤的主体。栗钙土地区气候比黑钙土地区干些、暖些,属于温带半干旱大陆性气候类型,水分条件不能完全

满足旱作农业的要求。草场为典型的干草原。

腐殖质累积程度比黑钙土弱些,颜色以栗色为主,但程度不同。腐殖质下渗短促,层面整齐或略呈波浪状,没有黑钙土那样的下渗特点。内蒙古高原碳酸钙含量普遍较低,厚度较薄。总之,栗钙土属较肥沃的土壤,内蒙古高原的栗钙土具有少腐殖质、少盐化、少碱化和无石膏或深位石膏及弱黏化特点。

栗钙土可以分为普通栗钙土、暗栗钙土、淡栗钙土、草甸栗钙土、盐化栗钙土、碱化栗钙土及栗钙土性土。我们所处位置的土壤质地以细沙和粉沙为主,区内沙化现象较严重。这里既是主要的牧业基地,又有不少旱作农业。二者都因水分不足,经营粗放单一,生产很不稳定。为合理使用土壤资源,应根据具体条件,实行以农为主或以牧为主不同形式的农牧结合。

栗钙土是典型的地带性土壤,通过观察可知,观察点的土壤从上至下可分为三层,即腐殖质层、典型钙积层、母质层。土壤的质地较为松散,由上到下依次由沙土→粉沙土→砂壤土→壤土→黏土过渡,而且紧实程度由上至下增大。植物根系较浅,土物多为黄土,主要原因一方面是成土过程腐殖质的积累,另一方面是钙积的作用。土壤很少有团粒结构,因为有机质含量少。钙积层一般为块状结构,滴盐酸分解碳酸钙($CaCO_3$)。土层由上到下呈弱碱至碱性反应,局部地区还有碱化现象发生。土壤从上到下分为:枯枝落叶、腐殖质层(A)、过渡层(AB)、钙积层(BK)、过渡层(BC)、母质层(C),如表2-1所示。野外取样既是教学内容,也是一项基本技能,按照土壤发生层由下往上分层取样,如图2-1所示。

表2-1　　　　　　　　栗钙土土壤剖面描述

土层	深度	颜色	紧实度	湿润度	根系	新生体($CaCO_3$)	侵入体	土壤质地
草毡层(O)	0~3厘米	灰黄						
腐质层(Ah)	3~65厘米	灰棕	坚实	干	少量毛根,中根,粗根	+	由于人类活动,洪水累积等引入的砖、瓦、块	壤土
淀积层(Bk)	65~110厘米	淡黄	坚实	干	无	+++		黏壤土
母质层(C)	>1.1米	淡黄	坚实	干	无	++		黏壤土

图 2-1 栗钙土土壤剖面

二、西门沟—刘家窑

(一) 位置

海拔高度:1 293 米。

绝对位置:40°30′29.5″N,112°25′21.0″E。

(二) 地质地貌

观察点位于岱海盆地中的山前丘陵,成土为黄土,山脉为东北西南走向。本观察点的土质由黄土构成。黄土指的是在干燥气候条件下形成的多孔性具有柱状节理的黄色粉性土,是沙粒、黏土和少量方解石的混合物,浅黄或黄褐色,内部空隙较大,用手搓捻容易成粉末,有显著的垂直节理,无层理,在干燥时较坚硬,被流水浸湿后,通常容易剥落和遭受侵蚀,甚至发生塌陷,且有许多可溶性物质,很容易形成沟谷。观察点地处山前,由于山地流水的作用,形成了山前三角洲。

(三) 植被

主要植被为柠条锦鸡儿,有固沙的作用。木犀,常绿或落叶乔木或灌木。其他植被有小松树、人工林木等。从西沟门出发,经永兴镇,到刘家窑,沿途可见森林—灌丛—草原。随着土壤类型、结构等发生变化,地貌由丘陵变为低山或山中盆地。植被由低变高,由旱生变为中生。中生灌丛草地,表现为灌木密,虎榛子,混有绣线菊,稍干的地区还长有黄刺玫。此外,周围山坡上还有天然次生白桦林和人工针叶林—华北落叶松等。

(四) 土壤

土壤层比较深厚，适合于工矿企业用地，因而此地有一定规模的砖厂（刘家窑砖厂，如图2-2所示）。在深厚的土层中可以看到明显的分层现象，从上到下颜色由红到黄。这里的黄土有一部分颜色会发红，这是因为有一部分黄土是在第三纪后期第四期早期形成的，温湿条件下淋溶作用强，铁、钙留下，形成氧化层的缘故。

图2-2 刘家窑砖厂

黄土是本区土壤形成的重要母质，在这个点上的土壤具备土壤腐殖层、淋溶层、淀积层三层的分层特征，还有其他土壤所不具备的特殊品质，土质肥沃，对农业生产极为重要，因此这里的土地利用为草原农耕带，主要是农用地、环形防护带、工矿企业等，但是必须看到，由于人为的原因，植被破坏，水土流失，已经给农业生产和工程建设都造成了严重的危害，需要合理地治理及利用。

(五) 在此点解决的主要问题：如何测土壤的密度

要测试土壤的密度，首先要把握以下概念：

土壤溶度：用水渗透，称含水量，看还能溶入多少水。

容重：单位体积的圆柱土干土重。

土壤密度：单位体积固体颗粒的质量，单位为克/立方厘米（g/cm^3）。

准备材料：定容瓶（$30cm^3$），6.7克土。

测试土壤密度的具体方法为：称定容瓶的重量W1。装水到特定刻度位置，称重W2，则W2-W1为水的重量，及其体积。称6.7克土放入定容瓶，煮几个小时（排除空气）静置（除水），再将水加入原刻度位置，总重量为W3，重量已知，便可得其密度。

三、刘家窑—岱海—凉城

（一）岱海概况

岱海是内蒙古第三大内陆湖，东西长20公里，南北宽10公里。水面约130平方公里，盛夏时节，岱海宛如莲叶初露，翠色可人，有"草原天池"之美誉。处在一个狭长的陷落盆地之中，东西长约25千米，南北宽约20千米，湖岸线长度为61.56千米，常用湖泊面积为160平方千米，容积为9.89亿立方米。平均水深9米左右，最大深度18米。属于典型的内陆咸水湖泊，系全区闻名的四大水产基地之一，其水源由周围20多条河流和中层地下水汇聚而成。岱海平均水深7米，深处18米，有29种鱼类在此生长。湖的四周，滩川广阔，林木茂盛。东临麦胡图镇，属蛮汉山、马鬃山中间凹形盆地，具有得天独厚的发展旅游业的条件。岱海周围的土地利用主要为农业用地，耕地集中于西南部，离岱海越近盐分越大，这主要与碳酸盐的分布有关。从主进水口到内部盐类的分布为碳酸盐和硫酸盐。近年来，由于全球气温升高，岱海也避免不了退缩的命运。此外，岱海退缩的主要原因，是在岱海河源的上游处，层层建水库，使岱海水的来源得不到补给，水量趋于不平衡而导致的结果。

（二）岱海观察点

1. 位置

海拔高度：1 200米；绝对位置：40°35′48.1″N，112°38′47.3″E。

相对位置：岱海位于乌兰察布市凉城县境内，交通便利，呼阳公路横穿北岸，京包铁路、京呼高速擦边而过。

2. 岱海地质

岱海地质形成的内营力是第三纪的造山运动。位于岱海南部的玄武岩是由第三纪活动强烈的火山爆发所形成，现仍存在一些火山口、流纹岩与沸石，那是温度很高的岩浆在运行过程中随着温度的下降、流速降低形成的。岱海边的中低山是大青山东南方向延伸的分支。在岱海的边缘、水源处所形成的冲积扇和洪积扇，这是由季节性、间歇性流水作用形成的，湖盆是由于地质作用，岩石下陷而形成的大型断裂构造、大量的水积聚而成的湖泊。

3. 岱海植被

环岱海分布沼泽和草甸。植被环岱海呈水平分布：水生植被—沼泽—草甸—农田—草原。在岱海周围，由于长期受盐水的影响，分布着耐盐生的盐化草甸。往远走分布着以克氏针茅为建群种的克氏针茅草原。在岱海北部，呈条带状地分布着以木氏针茅为建群中的长芒草草原，在岱海的西北部分布着疏林地和灌丛草甸。这样的分布主要受岱海这一小环境的影响。从水分角度来说，这里比周围地区较为丰富，湿度也较大，因而适合草甸草原的发育。从土壤角度来说，在岱海周围的土壤受盐水作用强，自然分布着一些耐盐碱的盐化草甸。

4. 土壤

环岱海的部分都是草甸土，以湖为中心，往外呈辐射状产生新的景观带——环形景观带。环岱海沼泽和草甸：北侧宽度不宽，三苏木南侧很宽，由内到外，盐化成分越来越多，由于坡度大，距离小，水慢慢进来，大量蒸发，盐化程度高。如果土壤水分较多就成为沼泽土。当沼泽土内的有机物积累过多，将变为泥炭层。在生长芦苇的地方就存在泥炭层，其发育中形成明显的两层，上层为泥炭层，下层为潜育层，土壤剖面从上到下分为泥炭层、潜育层、母质层。但土层比较薄，成土过程为强腐殖化过程，潜育化过程强烈。岱海周边沼泽土土壤剖面及描述如图2-3、表2-2所示。

图2-3 岱海周边沼泽土土壤剖面

表 2-2　　　　　　　　　　沼泽土土壤剖面描述

土层	深度	颜色	紧实度	根系	湿润度	土壤质地	侵入体	新生体
泥炭层（Ah）	0~21厘米	暗灰	紧实	少量毛根	潮	沙壤	无	铁锰结核
潜育层（G）	1.08米	暗青灰	稍紧	无	润	沙黏壤		

河谷沼泽：我们发现了非地带性植物——沼泽植物。沼泽常年不缺水，土壤中缺乏空气，多为有呼吸功能的植物，有金戴戴、沼泽委陵菜、小蓟、扁须、花贝草、苍耳、竹牙蓼等。土壤由于缺乏空气，潜育化发展，氧化还原明显，潴育化不明显。土壤剖面自表而下依次为：泥炭层、潜育层、母质层。

河谷草甸：为非地带性植被，由于长时间不缺水，湿生植物占主导，双子叶植物多。在此地做了样方，植物有：水葱、花美草、车前、匍匐尾鳞草、金戴戴、沼泽委陵菜、早熟禾。

草甸土为隐域性土，与气候无关。主要因素是水。母质为沙性，潜育化过程明显，下面有红色的土，含有铁、锰等离子，上面有浮沙，不含有铁离子，没有淀积化层，进化形成草甸，灰色硅含量高。剖面为：腐殖质层、潜育层、母质层。

岱海东侧目花沟谷地沼泽土和草甸土（目花河北岸），如图 2-4 所示。

(a) 沼泽土　　　　　　　(b) 草甸土

图 2-4　岱海东侧目花沟谷地沼泽土和草甸土（目花河北岸）

四、凉城—蛮汉山—内蒙古师范大学盛乐校区

（一）蛮汉山概况

蛮汉山位于乌兰察布市凉城县西北部，属大青山南支，由一系列南北走向的平行山梁组成，是岱海盆地向呼和平原的过渡地带。距凉城县 25 公里，素称"绿色王国"。自东北向西南绵延 70 公里，东西宽约 15 公里，主峰位于凉城县东十号乡境内，海拔 2 304.5 米。山体宏伟，风景秀丽。登上顶峰向北可眺望一马平川的土默特平原，向南可游览黄土高原的质朴风貌。山上有林地 10 万多亩，其中天然林 8 万亩。

山麓以本氏针茅分布最广，在本氏针茅中间夹杂着百里香和银灰色的冷蒿，潮湿低洼的地方有羊草和冰草。这主要与山脚下的气温有关。此地草原退化的标志性植物是狼毒、勿忘我、萎陵菜、金露梅和银露梅，这些植物的分布主要受水分随海拔高度而产生变化的影响。阳坡属于山地草原植被，垂直带景观明显：由干草原—灌丛草原—中生灌木—造林带，混有农耕草原带，生有天然次生林，主要植物有沙棘、山杏、冷蒿、百里香、羊草、冰草、赖草、金露梅等。北坡属于山地灌丛草原，种类组成丰富，盖度大，究其原因，是随着海拔升高，湿度增加，温度下降，草本植物种类增多，数量增大。同时，紫外线辐射增强，不仅促使花卉素形成，使植物开花，而且能使花的颜色鲜艳。山顶土壤类型主要为草甸土。有机质含量高，下面为花岗岩。其形成的主要条件：一是低洼的地形；二是土壤水分饱和；三是有机质的存在。由化学还原过程和有机质的嫌气分解过程共同作用形成。草甸土分为腐殖质层、腐殖质过渡层和潜育层。其中腐殖质层可分为草毡层、有机质层等。草甸土有机质含量较高，腐殖质层也厚，土壤呈团粒结构，这是最好的土壤结构，矿物质与有机质结合形成。较好的暗色草甸土，能形成水稳性团粒结构可达 70% ~ 80%，土壤含水量高，但处在干旱区，所以与栗钙土共存，因而部分由碳酸盐导致局部盐化现象。

（二）蛮汉山观察点

1. 蛮汉山脚下观察点

（1）位置。海拔高度：1 866 米；绝对位置：40°35′2.5″N，112°19′37.6″E。

（2）植被情况。以本氏针茅分布最广，在本氏针茅中间夹杂着百里香和银灰色的冷蒿，潮湿低洼的地方有羊草和冰草。这主要与山脚下的气温有关。此地草原退化的标志性植物是狼毒、勿忘我、萎陵菜、金露梅和银露梅，这些植物的分布主要受水分随海拔高度而产生变化的影响。

在观察点周围的农田较多，主要的农作物有莜麦、胡麻、大麦和土豆等。

（3）土壤。该观察点的典型土壤是暗栗钙土，剖面有碳酸钙（$CaCO_3$）。其剖

面分层如下：

①层厚 0～20 厘米，层名为腐殖质层，结构呈团块状。

②层厚 20～50 厘米，层名为钙积层，结构呈块状。

③层厚 50 厘米以下部分，层名为母质层，无结构。

与西沟门土壤的母质层不同，这里是在花岗岩机制上形成。

2. 蛮汉山阳坡观察点

（1）位置。海拔高度：1 893 米；绝对位置：40°35′12.3″N，112°19′32.4″E。

（2）植被情况。本观察点属于山地草原植被，垂直带景观明显：由干草原—灌丛草原—中生灌木—造林带，混有农耕草原带，生有天然次生林，主要植物有沙棘、山杏、冷蒿、百里香、羊草、冰草、赖草、金露梅等。

（3）土壤。该观察点处于草原向森林过渡地带，典型土壤为栗褐土，其土壤剖面分层如下：

①层厚 0～40 厘米，层名为腐殖质层，颜色呈褐色。

②层厚 40～72 厘米，层名为钙积层，颜色呈淡白色。

③层厚 72～130 厘米，层名为黏化层，颜色呈淡红色。

④层厚 130 厘米以下部分，层名为母质层。

其中腐殖质层是由坡积物堆积而成的，黏化层呈褐色，水分较为充足，主要含有铁和铁离子。

3. 蛮汉山雷达站观察点

（1）位置。相对位置：航空雷达站附近；绝对位置：40°36′51.6″N，112°18′31.5″E。

（2）植被样方调查。该观察点属于山地灌丛草原，种类组成丰富，盖度大，究其原因，是随着海拔升高，湿度增加，温度下降，草本植物种类增多，数量增大。同时，紫外线辐射增强，不仅促使花卉素形成，使植物开花，而且能使花的颜色鲜艳。

植被样方调查时可取 1m×1m 的样地，统计方块内各种植物的多度：即每种植物数量的多少；盖度：也叫投影盖度，即垂直面积占整个样方的面积；高度：即最高、最低的平均高度；频度：即出现的次数，出现样地/总样地数；密度：即植物在样地的丛数；物候期：即营养期、开花期、结果期；生活力：即对环境的适应强度，需用很长时间观察。其中多度可目估等级，分为：SOC（极多，可以形成背景）、COP（多，又可以分为三个等级：COP^3 很多，COP^2 多，COP^1 尚多）、SP（少）、SOL（很少）、NH（个别）。

做统计表。样方的选取应具有随意性，目的在于找出群落种的优势种，方法是运用相对值进行比较，每个指标相对值均需计算。

（3）土壤。草甸土，有机质含量高，下面为花岗岩。其形成的主要条件：一是低洼的地形；二是土壤水分饱和；三是有机质的存在。由化学还原过程和有机质的嫌气分解过程共同作用形成。草甸土分为腐殖质层、腐殖质过渡层和潜育层。其中腐殖质层可分为草毡层、有机质层等。草甸土有机质含量较高，腐殖质层也厚，土壤呈团粒结构，这是最好的土壤结构，矿物质与有机质结合形成。较好的暗色草甸土，能形成水稳性团粒结构可达70%~80%，土壤含水量高，但处在干旱区，所以与栗钙土共存，因而部分由碳酸盐导致局部盐化现象。成土过程为强腐殖质化过程，淋溶淀积。沼泽土土壤剖面及描述如图2-5、表2-3所示。

图2-5 草甸土土壤剖面

表2-3 沼泽土土壤剖面描述

土层	深度	颜色	紧实度	湿润度	土壤质地	根系	新生体 $CaCO_3$	侵入体
O	0~3厘米							蚯蚓
Ah	3~20厘米	棕	紧实	潮	壤土	中量毛根	+	
Bkh	20~110厘米	暗灰棕	坚实	干	壤沙土	少量毛根		
C	1.1米以下	淡棕黄	坚实	潮	沙砾	无		

①层厚 2~3 厘米，层名为草毡，松软。
②层厚 20 厘米，层名为有机质层，也叫腐殖质层。
③层厚 20 厘米，层名为叫潜育层。水分含量高，氧气少，还原环境，核状结构，土质较好。
④层厚 20 厘米以下部分为母质层，属于花岗岩母质。厚 20 厘米以下为母质层属于花岗岩母质。

4. 二龙什台森林公园观察点

（1）位置。海拔高度：1 997 米；绝对位置：40°37′28.6″N，112°18′7.5″E。

（2）植被。该观察点属于森林灌丛草原，植被以次生森林为主，分布于阴坡和半阴坡，垂直分布明显，植被类型交错复杂，表现出明显的过渡特征，森林草原以天然次生阔叶林为主。相比较而言，阴坡水分较多，因此乔木居多。原生乔木有蒙古栎；次生林主要有白桦、山杨、油松；中生灌木有虎榛子、山刺玫、绣线菊等。阳坡植被主要有山地阔叶林、灌丛。

乔木样方的面积为 100 平方米。观察指标为：株数、密度、胸高、直径、频度、高度；简单目估乔木的平均冠幅——长度、宽度。然后计算各指标的相对值，从而得知优势乔木种。

（3）土壤。观察区的典型土壤是灰褐土。灰褐土也叫灰褐色森林土，是温带山地旱生针、阔叶混交林下形成的土壤。其性状虽与褐土有些相似，但并不完全相同，如淋溶作用比褐土弱，黏化作用不如褐土明显，土壤颜色比褐土暗，腐殖质积累作用较强。它是温带干旱半干旱地区山地旱生森林条件下形成的土壤。

灰褐土分布的范围虽广，但实际面积不大。灰褐土地区的气候属温带半湿润大陆性气候类型。灰褐土分布在山地上，一方面土层薄，坡度大、石块多；另一方面气温较低，发展农业生产不如褐土地区好。因为观察点长期温度较低，较潮湿，所以土壤中的钙离子和铁离子流失较为严重剖面分化明显。

地表为一层较厚的森林残落物层，腐殖质层厚 20~30 厘米，黑褐色或棕褐色，粒状或团状结构，并有白色霉状物；淀积层厚 30~80 厘米或更厚，暗棕色或浅棕色，质地较黏，紧实，块状或棱块状结构，结构体表面有时有黑褐色腐殖质块；向下一般过渡到钙积层，石灰多呈白色假菌丝状。全剖面呈中性至微碱性，腹体为盐基饱和，且以钙离子为主；剖面中部黏化层黏粒含量比上下层高出 0.5~1 倍以上。在分类上，属于褐土与灰黑土之间的过渡类型。土壤肥力较高，适宜发展林业，是当地重要的林业生产基地。

观察点土壤剖面：

观察点的土壤：无 $CaCO_3$，长期淋溶，长期低温，潮湿条件下钠离子（Na^+）等流失。主要成分二氧化硅（SiO_2），以粉末状存在，颜色发灰。灰褐土土壤剖面及描述如图 2-6、表 2-4 所示。

图 2-6 灰褐土土壤剖面

表 2-4 灰褐土土壤剖面描述

土层	深度	颜色	土壤质地	紧实度	湿润度	根系	新生体	侵入体
O	3厘米					少量毛根，中根	无	根孔，蚯蚓粪便
过渡层（Ah）	24厘米	红棕	沙壤	稍紧	干			
AB	60厘米	暗黄橙	壤土	紧实	干			
Bth	1.2米	暗灰棕	黏壤	紧实	干			
C	2米	淡黄	沙壤	紧实	干			

①层厚 0~5 厘米，层名为枯枝落叶层，颜色呈黑色。
②层厚 5~20 厘米，层名为腐殖质层，颜色呈黑褐色。
③层厚 20~45 厘米，层名为淋溶层，颜色呈浅褐色。
④层厚 45~60 厘米，层名为灰化淀积层，颜色呈暗棕色。
⑤层厚 60 厘米以下部分为母质层。

土壤结构为团粒、团粒和团块交错、核状结构。界线不好划分，按颜色、颗粒划分。

土壤中的白色物不是 $CaCO_3$，而是 SiO_2 粉末。

5. 二龙什台森林公园

（1）位置。海拔高度：2 196 米；绝对位置：40.617920°N，112.306957°E。

（2）植被。山地草甸。

（3）土壤。栗褐土，存在弱腐殖质积累和发育微弱的黏化层，无明显钙积层，栗褐土土壤剖面及描述如图 2-7、表 2-5 所示。

图 2-7 栗褐土土壤剖面

表 2-5　　　　　　　　栗褐土土壤剖面描述

土层	深度	颜色	紧实度	湿润度	土壤质地	根系	新生体
O	0~5 厘米						
Ah	54 厘米	暗红棕	紧实	潮	壤土	少量中根，中量毛根	无
Bth	106 厘米	黑棕	稍紧	润	黏壤	中量毛根	
C	1.06 米以下	紫棕	紧实	潮	沙壤	无	

6. 凉城县周边

（1）位置。海拔 1 270.5 米，40.522861°N，112.47610°E。

（2）植被。玉米。

（3）土壤。耕作土（人为扰动），成土过程为弱腐殖化过程，淀积作用，耕作土土壤剖面及描述如图 2-8、表 2-6 所示。

图 2-8 耕作土土壤剖面

表 2-6　　　　　　　　耕作土土壤剖面描述

土层	深度	颜色	紧实度	湿润度	土壤质地	根系	侵入体	新生体
Ah	26 厘米	淡棕	稍紧	潮	壤土	少量毛根	砖，瓦，动物粪便	
Bks	72 厘米	紫棕	紧实	潮	壤土	少量毛根		铁锰铝化合物
Ck	1.6 米	淡黄橙	紧实	干	壤土	无		

第三章 地质学野外实习

第一节 凉城地质教学实习基本内容

一、地层

凉城地区大范围出露第四系地层、晚第三系玄武岩、下太古界上集宁群变质岩，早太古代火成岩零星出露。

地层出露为：

（1）太古宇集宁群：最古老地层原称为桑干群，根据《内蒙古自治区岩石地层》记载，应属集宁群，其岩性为一套黑云矽线榴石斜长片麻岩、榴石钾长片麻岩、浅色麻粒岩等组成。主要分布于牤牛山—桃花沟—西营子一带，呈北东南西向展布。其中以桃花沟一带层序出露较为完全，总厚度大于3 500米。

（2）中生界上侏罗纪火山岩组（J3）：出露在测区东北部大西沟一带，面积约30平方千米（km^2）。为一套巨厚层状凝灰岩、凝灰角砾岩、凝灰集块岩及安山岩组成。以玻屑岩屑凝灰岩、凝灰质角砾岩为主，不整合于集宁群片麻岩之上，厚度大于1 250米。

（3）新生界：①第三系（$\beta N1\sim 2$）：为中上新统玄武岩，岩性为伊丁玄武岩和橄榄玄武岩，分布于芍药沟、昆都仑一带。②第四系（Q4）：主要为风成黄土、残坡积物、湖积黏土、近代河床沉积、洪积物等。分布在现代河流和沟谷、洼地等低缓区。

二、凉城地区岩浆岩特征

区域岩浆岩主要有太古宙苏长岩、似斑状花岗岩、片麻状钾长花岗岩、脉岩，区域上主要成矿元素金（Au）、银（Ag）及铅（Pb）、锌（Zn），其主要分布在太古宙酸性岩浆岩中，而且变化起伏较大。因此认为，太古宙的酸性岩浆岩与海西期花岗岩对形成Au、Ag矿床较为有利。

三、构造特征

(一) 构造运动特点

处于天山—阴山东西复杂构造带的南缘。因受华夏系构造的干扰,形成北东向构造形迹。构造运动总的特点:一是元古宙构造运动使太古宙地层集宁群成褶皱构造及断裂构造形迹,并伴随有基性和酸性岩浆侵入。中生代盖层普遍不整合于太古宙片麻岩,基性岩与酸性岩岩体之上。二是燕山运动致使侏罗系和白垩系之间产生不整合。晚侏罗世亦有中酸性火山喷发活动。三是喜山运动在本区主要表现为中—上新世玄武岩的大面积喷发活动。

(二) 构造类型

1. 褶皱构造

褶皱构造主要为太古宙早期的集宁群褶皱,由于受后期构造和岩浆活动影响,而丧失其褶皱的原始特征。

2. 断裂构造

受多次构造运动影响,断裂非常发育,主要分布于太古宙地层与太古宙岩体出露地区。北西向断裂集中分布于蛮汉山及西营子两地。蛮汉山断裂共由4条北西向断裂组成,分布于蛮汉山以西。北东向断裂发生于蛮汉山西侧打车沟正断层。断层面走向北东60°~70°,断层倾向北西,倾角60°~70°,长18千米(km)。沿断面断层角砾岩形成陡峭的岩墙,花岗岩被压碎,岩石糜棱岩化、硅化、黄铁矿化,破碎带宽50~100米。该断层被同期北西向断裂断开。

四、地质构造

凉城地区地貌单元属于阴山山地及丘陵地区,察哈尔熔岩台地与盆地区,岱海南部熔岩台地低山丘陵区。

岱海盆地在地质构造上属于地堑式断陷盆地,长轴沿北东南西向分布;南北两侧由地高程1 700~2 000米,水面高程1 200米,盆地基底由太古界上集宁群变质岩构成,盆地北部及西北部为蛮汉山及低山丘陵区,主要由太古代片麻岩及花岗片麻岩组成。地形整体向岱海倾斜。盆地南部熔岩台地丘陵区为第三纪末至第四纪初期喷发玄武岩覆盖在太古界变质岩之上,形成熔岩台地;地面高程1 250~2 000米,地形切割强烈起伏较大,冲沟发育。

基岩裸露,形成陡峭的山峰,最高峰为蛮汉山,海拔高度为2 305米。古元古代侵入岩广布,出露面积最大的是弱片麻状石榴石二长花岗岩,另外零星分布有变质基性岩(二辉斜长麻粒岩)、弱片麻状石榴石英云闪长岩、弱片麻状石榴石花岗闪长岩、弱片麻状含石榴石正长花岗岩，部分岩石可出现变斑晶及紫苏辉石。这些石榴石花岗岩具块度大、花色好、硬度大（耐磨）、易开采等特点，可作为装饰面料石材开采。研究区出露的老地层为集宁岩群沙渠村岩组，为一套孔兹岩系，多呈捕房体、残留体等形式产出。下白垩统白女羊盘组火山岩分布零星；中新统汉诺坝组、玄武岩组形状近于水平，多形成高平台地貌。沟壑的边缘分布有上更新统马兰组黄土，古人类在此挖掘窑洞作为生活居所，内蒙古呼和浩特著名的"大窑文化"出土于此。沟谷中充填的为第四系全新统冲洪积、残坡积等沉积物。断裂构造较发育，北东向为主，其次是北西向，将原地质体切割成大小不等的菱形块体。

第二节　地质野外实习基本方法

一、地质罗盘的使用

（一）概念

地质罗盘又称"袖珍经纬仪"。野外地质工作不可缺少的工具。主要包括磁针、水平仪和倾斜仪。结构上可分为底盘、外壳和上盖，主要仪器均固定在底盘上，三者用合页联结成整体。可用于识别方向、确定位置、测量地质体产状及草测地形图等。

（二）结构

地质罗盘式样很多，但结构基本是一致的，我们常用的是圆盘式地质罗盘仪。由磁针、刻度盘、测斜仪、瞄准觇板、水准器等几部分安装在一铜、铝或木制的圆盆内组成。

（三）使用方法

1. 在使用前必须进行磁偏角的校正

因为地磁的南、北两极与地理上的南北两极位置不完全相符，即磁子午线与地理子午线不相重合，地球上任一点的磁北方向与该点的正北方向不一致，这两方向间的夹角叫磁偏角。地球上某点磁针北端偏于正北方向的东边叫作东偏，偏于西边称西偏。东偏为（+）西偏为（-）。地球上各地的磁偏角都按期计算，公布以备查用。若某点的磁偏角已知，则测线的磁方位角 A 磁和正北方位角 A 的关系为 A 等于 A 磁加减磁偏角。应用这一原理可进行磁偏角的校正，校正时可旋动罗盘的刻度螺旋，使水平刻度盘向左或向右转动，（磁偏角东偏则向右，西偏则向左），使罗盘底盘南北刻度线与水平刻度盘 0 ~ -180°连线间夹角等于磁偏角。经校正后测量时的读数就为真方位角。

2. 目的物方位的测量

测定目的物与测者间的相对位置关系，也就是测定目的物的方位角（方位角是指从子午线顺时针方向到该测线的夹角）。测量时放松制动螺丝，使对物觇板指向测物，即使罗盘北端对着目的物，南端靠着自己，进行瞄准，使目的物、对物觇板小孔、盖玻璃上的细丝、对目觇板小孔等连在一条直线上，同时使底盘水准器水泡居中，待磁针静止时指北针所指度数即为所测目的物之方位角。（若指针一时静止不了，可读磁针摆动时最小度数的1/2处，测量其他要素读数时亦同样）。

若用测量的对物觇板对着测者（此时罗盘南端对着目的物）进行瞄准时，指北针读数表示测者位于测物的什么方向，此时指南针所示读数才是目的物位于测者什么方向，与前者比较这是因为两次用罗盘瞄准测物时罗盘之南、北两端正好颠倒，故影响测物与测者的相对位置。

为了避免时而读指北针，时而读指南针，产生混淆，故应以对物觇板指着所求方向恒读指北针，此时所得读数即所求测物之方位角。

3. 岩层产状要素的测量

岩层的空间位置决定于其产状要素，岩层产状要素包括岩层的走向、倾向和倾角。测量岩层产状是野外地质工作的最基本的工作方法之一，必须熟练掌握。

（1）岩层走向的测定。岩层走向是岩层层面与水平面交线的方向也就是岩层任一高度上水平线的延伸方向。测量时将罗盘长边与层面紧贴，然后转动罗盘，使底盘水准器的水泡居中，读出指针所指刻度即为岩层之走向。因为走向是代表一条直线的方向，它可以两边延伸，指南针或指北针所读数正是该直线之两端延伸方向，如 NE30°与 SW210°均可代表该岩层之走向。

（2）岩层倾向的测定。岩层倾向是指岩层向下最大倾斜方向线在水平面上的投影，恒与岩层走向垂直。测量时，将罗盘北端或接物觇板指向倾斜方向，罗盘南端紧靠着层面并转动罗盘，使底盘水准器水泡居中，读指北针所指刻度即为岩层的倾向。假若在岩层顶面上进行测量有困难，也可以在岩层底面上测量仍用对物觇板指向岩层倾斜方向，罗盘北端紧靠底面，读指北针即可，假若测量底面时读指北针受障碍时，则用罗盘南端紧靠岩层底面，读指南针亦可。

（3）岩层倾角的测定。岩层倾角是岩层层面与假想水平面间的最大夹角，即真倾角，它是沿着岩层的真倾斜方向测量得到的，沿其他方向所测得的倾角是视倾角。视倾角恒小于真倾角，也就是说岩层层面上的真倾斜线与水平面的夹角为真倾角，层面上视倾斜线与水平面之夹角为视倾角。野外分辨层面之真倾斜方向甚为重要它恒与走向垂直，此外可用小石子使之在层面上滚动或滴水使之在层面上流动，此滚动或流动的方向即为层面倾斜方向。

测量时将罗盘直立，并以长边靠着岩层的真倾斜线，沿着层面左右移动罗盘，并用中指搬动罗盘底部之活动扳手，使测斜水准器水泡居中，读出悬锥中尖所指最大读数，即为岩层之真倾角。

岩层产状的记录方式通常采用下面的方式：即方位角记录方式，如果测量出某一岩层走向为310°，倾向为220°，倾角35°，则记录为 NW310° SW∠35° 或 310°/SW∠35° 或 220°∠35°。

野外测量岩层产状时需要在岩层露头测量，不能在转石（滚石）上测量，因此要区分露头和滚石。区别露头和滚石，主要是多观察和追索并要善于判断。测量岩层面的产状时，如果岩层凹凸不平，可把记录本平放在岩层上当作层面以便进行测量。

二、地形图的使用

（一）概念

地形图是按一定比例，将地形起伏状态、水系、交通网、居民点及地形、地物的分布位置，以规定的符号标在平面上的一种图件。地形的起伏形态是用等高线来表示的，即是按照选定的比例，以等高间距高度的水平面与地面的交线的垂直投影所得的等高曲线来表示。等高线是封闭曲线。两条等高线的间距是随地形的坡度而变化的，坡度越陡，线距越小；坡度越缓，线距越大。

（二）地形图的类型

1. 按比例尺大小分类

地形图可分为大比例尺地形图、中比例尺地形图和小比例尺地形图。大比例尺地形图又称地形平面图，是比例尺大于和等于1:10 000的地形图，即1:500～1:10 000比例尺地形图。它用航测或地形测量的实测方法成图，地理内容的综合程度小，详尽而精确地反映地面的地理要素。中比例尺地形图也称地形图，比例尺小于1:10 000，大于等于1:100 000。用编绘或航测方法成图，地理内容不及大比例尺地形图详尽，要素的几何精确性相应降低。小比例尺地形图也叫一览地形图，比例尺小于1:100 000，以较大比例尺地形图为基本资料，经过制图综合编制而成，地理内容综合程度高，内容详尽性和精确性均不高。

2. 按组织测绘的部门及服务对象分类

地形图可分为两大类，即国家基本比例尺地形图和工程用小区域大比例尺地形图。国家基本比例尺地形图，由国家测绘管理部门统一组织测绘，可作为国民经济建设、国防建设和科学研究的基础资料。工程用小区域大比例尺地形图，由非测绘部门或单位针对某一工程建设的规划设计和具体施工的需要，在校范围内实测而成。

(三) 地形图的分幅

按经纬线分幅的梯形分幅法一般用于1:5 000～1:1 000 000的中、小比例尺地图的分幅，地图的梯形分幅又称国际分幅，由国际统一规定的经纬线为基础划分的。由于子午线向南北极收敛，因此，整个图幅呈梯形。其划分的方法和编号，随比例尺不同而不同；按坐标格网分幅的矩形分幅法，一般用于城市和工程建设1:500～1:2 000的大比例尺地图的分幅。

(四) 地形图的应用

1. 地形图的方向

在野外使用地形图前，经常需要首先使地形图的方位与实地的地理方位相一致。一般利用罗盘或特定的地形物来达到使地形图定向的目的。在地形图中，图廓纵边一般是真子午线方向，同时图中一般亦给定了磁子午线方向及磁偏角、坐标网格和子午线收敛角。子午线收敛角时坐标纵线与真子午线的夹角。坐标网格为正方形，一般大小为2厘米×2厘米，又称方里网。

在地形图定向时，首先打开已作磁偏角校正的罗盘，并置于平放的地形图上，将罗盘的长边平行于代表真子午线的方向，使罗盘及地形图水平；然后将罗盘和地形图一起转动，至磁北针指向罗盘的0°位置为止，此时地形图方向定向结束。可目估对照图与实际地形地物之间方位进行检查。

定向步骤：保持地形图水平，大致使地形图上端朝向北；将罗盘展开，平放于地形图上，使用其一边与地形图的一侧边界重合，长照准合页指向地形图北的方向；将地形图和罗盘一起转动，使磁针北针指向0°，此时地形图定向完毕。

2. 在地形图上定地质点

野外工作，无论是路线地质调查、地质测量，还是矿产调查等工作，都需要在地形图上确定各种性质地质点的位置，一般称作定地质点。有时经常要确定自己所在的位置或者确定地形地物在地形图上所标定的位置，也需要定点。在地形图上定地质点时，除要求地质现象观察准确无误外，还要求将定点的实际位置准确地填绘在地形图上。而这就要求熟练地判断地形图上所标绘的地形地物符号，将一张平面的地形图看成是山峦起伏、沟谷交错的生动画面，这样在图上才能准确地判断各种地形单元间的相互位置关系。一般直接观察周围地形地物的分布特征，并与图面地形相对照，来确定欲定点在图上的位置。也可以用已知的地形地物进行后方交汇，从而确定我们自己所在的位置并将其定在图上。但是精度要求比较高的大比例尺地质测量时，必须用经纬仪将地质点定在地质图上，并在实际位置上钉上木桩作为标记。

如果所用地形图比较准确，利用周围地物、地形定点，既准确又方便。例如在道路交叉、公路、河流拐弯、村庄、房屋、桥梁、水坝等明显特征地物附近定地质点时,首先将地形图定向,将实际地物与地形图上的标记一一对应。目估地质点与地物之间的距离,就可方便而准确地定出地质点在图上的位置。当周围的地形特征不太明显又无明显地物可参照时,可用后方交汇法,来确定所在点在地形图上的位置。首先要确定实地较明显的2~3个目标,而且在地形图上能够准确找到,作为已知点。两个已知点与我们所在的点连线最好近于直交。用罗盘准确测定我们所在点对应于两个已知点的方位,然后用量角器在图上画出方位线,二线之交点应该是我们所在的点。最后用第三个已知目标点进行检查。三条方位线应交于同一点上,如果不交于一点,便出现误差三角形,三角形过大就超出了误差范围。

定点原则:选择2~3个目标明显,且在地形图上能够准确找到的已知方位的点;目标不能距观察者太远;两目标与观察者的连线交角应大于30°,以60°~120°为最佳;有条件的话选择第三点进行校正。

利用后方交汇法应注意以下几点:

(1) 选择的已知点在图上的位置必须准确认定,点位明确,最好是三角点、有标高的山峰等。

(2) 所选的明显目标不要相距太远,否则测量方位的误差影响就会很大。罗盘事先要做磁偏角校正或者读数中校正。

(3) 选择三点交汇,其间夹角最好不小于30°。

(4) 方位角最好多测几次取其平均值。在图上画方位线时要准确,铅笔要稍硬、削细,画得要轻。

(5) 后方交汇法出现误差的因素比较多,即使使用该法定点,最好还需利用周围地形进行校正。

三、读地质图

用规定的符号、线条、色彩来反映一个地区的地形、地物及岩层分布情况、地质历史发展的图件,叫地质图。它是依据野外探明和收集的各种地质勘测资料,按一定比例投影在地形底图上编制而成的,是地质勘察工作的主要成果之一。它是一种投影图,是将各种地质体与地表面的交线及地形等高线投影到水平面上所形成的图件。

(一) 地质图的种类

1. 普通地质图

以一定比例尺的地形图为底图,反映一个地区的地形、地层岩性、地质构造、地壳运动及地质发展历史的基本图件,称为普通地质图,简称地质图。在一张普通地质图上,除了地质平面图(主图)外,一般还有一个或两个地质剖面图和综合地层柱状图,普通地质图是编制其他专门性地质图的基本图件。

按工作的详细程度和工作阶段不同,地质图可分为大比例尺的(>1:25 000)、中比例尺的（1∶5 000～1∶100 000）、小比例尺的（1∶200 000～1∶1 000 000）。在工程建设中，一般是大比例尺的地质图。

2. 地貌及第四纪地质图

以一定比例尺的地形图为底图，主要反映一个地区的第四纪沉积层的成因类型、岩性及其形成时代、地貌单元的类型和形态特征的一种专门性地质图，称为地貌及第四纪地质图。

3. 水文地质图

以一定比例尺的地形图为底图，反映一个地区总的水文地质条件或某一个水文地质条件及地下水的形成、分布规律的地质图件，称为水文地质图。

4. 工程地质图

工程地质图是各种工程建筑物专用的地质图，如房屋建筑工程地质图、水库坝址工程地质图、铁路工程地质图等。工程地质图一般是以普通地质图为基础，只是增添了各种与工程有关的工程地质内容。如在地下洞室纵断面工程地质图上，要表示出围岩的类别、地下水量、影响地下洞室稳定性的各种地质因素等。

（二）地质图的基本内容

一幅完整的地质图应包括平面图、剖面图和柱状图。

1. 平面地质图

平面地质图又称为主图，是地质图的主体部分，反映地表地质条件的图。它一般是通过野外地质勘测工作，直接填绘到地形图上编制出来的。其主要包括：

地理概况：图区所在的地理位置（经纬度、坐标线）、主要居民点（城镇、乡村所在地）、地形、地貌特征等。

一般地质现象：地层、岩性、产状、断层等。

特殊地质现象：崩塌、滑坡、泥石流、喀斯特、泉及主要蚀变现象。

2. 地质剖面图

在平面图上，选择一条至数条有代表性的图切剖面，以表示岩性、褶皱、断层的空间展布形态及产状、地貌特征等。

3. 综合柱状图

主要表示平面图区内的地层层序、厚度、岩性变化及接触关系等。

4. 比例尺

说明比例尺的大小，用数字：1∶×××，也可用尺标。

5. 图例

主要说明地质图中所用线条符号和颜色的含义，按照沉积地层层序、岩浆岩、地质构造和其他地质现象的顺序排列。

6. 责任栏（图签）

说明地质图的编制单位、图名、图号、比例尺、编审人员、成图日期等，便于查找。

（三）绘制地质示意剖面图

1. 水平岩层地质剖面图的绘制方法与步骤

（1）选择剖面线。

（2）确定剖面制图比例尺。

（3）切制地形剖面。

（4）勾绘地质界线。

（5）标注花纹、代号。

（6）整饰图。

2. 倾斜岩层地质剖面图的绘制

在倾斜岩层地区地质图上切制地质剖面图，其作图方法大体上与水平岩层地区地质剖面图的切制方法相同，但应注意下列几个方面的问题：

（1）选择剖面线之前要仔细阅读和分析地质图，了解图幅内各地层的时代、层序、产状、分布及其与地形起伏和分布的关系。剖面线方向应尽可能垂直区域地层走向，且通过所有地层及地层起伏最大地段。剖面选好后需在地质图上注明位置和编号。

（2）地质剖面图的比例尺一般要与地形图相同，如需放大，则水平比例尺也一致放大，避免歪曲剖面地形和岩层倾角。如在特殊情况下，也可只放大垂直比例尺，但要变换岩层倾角。

（3）当剖面线方向与岩层走向垂直或基本垂直时，剖面图上的岩层界线按直倾角绘制。若剖面线方向与岩层走向不垂直，二者所夹锐角<80°时，剖面图上岩层界线应按视倾角绘制。

（4）在地质剖面图上用规定的图例将不整合明确表示出来。此外，在画角度不整合构造时，要先画不整合面以上岩层，后画不整合面以下岩层。

（四）褶皱地区地质剖面图的绘制

根据褶皱地区地质图切制地质剖面图的步骤和方法，与切制水平岩层及倾斜岩层地质剖面图基本相同，但需注意以下几个方面的问题。

1. 分析图区地形和构造特征

作图前应仔细阅读地质图，分析图幅内组成褶皱构造的地层，褶皱的展布方向和形态特征，次级构造、断层及岩浆活动情况，以及构造、岩性与地形起伏的关系等问题，做到心中有数。

2. 选择剖面线

剖面线尽可能垂直皱褶轴线方向，并通过全褶皱构造主要褶皱构造。

3. 具体绘制方法

在条件不同的情况下，褶皱地区地质剖面图的作图方法也不相同。

（1）地质图上无地形等高线且褶皱岩层的厚度及产状无详细记载时，在这种情况下，地质剖面图的作图方法如下：

①假定地面水平，则地形剖面线可用水平线代替。

②在地质图上选择一层出露次数最多的地层，并以它在地质图上的最小露头宽度作为其地层的厚度。

③在地质剖面图上，以所选地层上层面与剖面线的交点为圆心，以它在地质图上的最小露头宽度为半径画弧，从该地层下层面分界点起引此圆弧的切线，则此切线即为该地层的下层面界线。用这种方法得出该地层在剖面上所有露头点的底面界线后，再用光滑曲线将该岩层各底面界线连接起来，即画出该地层的褶皱形态。

④剖面上所切过的其他地层界线露头点，可按照上述褶皱形态依次勾绘出这些地层界线，即绘制出整个地质剖面。

在条件不同的情况下，褶皱地区地质剖面图的作图方法也不相同。

（2）当地质图上有地形等高线且岩层厚度及岩层产状均有较详细记载时，地质剖面图的编制方法与水平岩层地区及倾斜岩层地区地质剖面图的编制方法基本相同。在作图时要注意以下几个问题：

①剖面线切过褶皱岩层，当发现褶曲一翼仅有局部地段的岩层产状不协调时，应在保持岩层厚度不变的情况下，将局部较陡或较缓的岩层向深部加以修改，使之逐步与岩层主要产状一致。

②当使用的地形地质图比例尺较小，采用编构法编制地质剖面图。当使用的是大比例尺地形地质图，可直接根据实际资料或深部的工程控制所取得的确切资料，进行编联地质界线及勾绘褶皱形态。

③在绘制褶曲转折端时，可根据褶曲岩层产状的变化趋势来勾绘。

④当剖面切过不整合界线时，可在地质剖面图上先画出不整合面以上的构造形态，然后再画不整合面以下的构造形态。

（五）地质图的符号

地质图是根据野外地质勘测资料在地形图上填绘编制而成的。除用地形图的轮廓和等高线外，还需要用各种地质符号来表明地层的岩性、地质年代和地质构造情况。要分析和阅读地质图，就需要了解和认识常用的各种地质符号。

1. 地层年代符号

在小于 1∶100 000 的地质图上，沉积地层的年代是采用国际通用的标准色来表示的，在彩色的底子上，再加注地层年代和岩性符号。在每一系中，又用淡色表示新地层，深色表示老地层。岩浆岩的分布一般用不同的颜色加注岩性符号表示。在大比例的地质图上多用单色线条或岩石花纹符号再加注地质年代符号的方法表示。当基岩被第四纪松散沉积层覆盖时，在大比例的地质图上，一般根据沉积层的成因类型，用第四纪沉积成因分类符号表示。

2. 岩石符号

岩石符号使用来表示沉积岩、岩浆岩和变质岩的符号，由反映岩石成因特征的花纹及点线组成。在地质图上，这些符号画在什么地方，表示这些岩石分布在什么地方。

3. 地质构造符号

地质构造符号，是用来说明地质构造的。组成地壳的岩层，经构造变动形成各种地质构造，这就不仅要用岩层产状符号表明岩层变动后的空间形态，而且要用褶曲轴、断层线、不整合面等符号说明这些构造的具体位置和空间分布情况。

（六）读地质图

看区域，看局部，再看区域，即总、分、总。

（1）看区域。首先看图例，了解这个地区总体上的地层发育情况、接触关系情况、构造类型情况、岩浆活动情况，其次看图区，大致了解地形地貌和水系情况以及地层、不整合面、构造、岩浆岩的空间分布情况。了解地区总体地形、地质概况。

（2）看局部。对图中每一条断层、岩体、岩层产状进行细致分析，研究其性质、类型、基本特征。

（3）看区域。在对局部地质现象详细了解的基础上，总结区域地质特征。

第四章　地貌学野外实习

第一节　凉城地貌野外实习基本内容

一、地貌形态类型

凉城地区地貌单元属于阴山山地及丘陵地区，察哈尔熔岩台地与盆地区，岱海南部熔岩台地低山丘陵区。

（一）平原

平原是地面平坦或起伏较小的一个较大区域，主要分布在大河两岸和濒临海洋的地区。实习区有土默特平原、洪积冲积平原。

（二）丘陵

丘陵是指地球岩石圈表面形态起伏和缓，绝对高度在 500 米以内，相对高度不超过 200 米，由各种岩类组成的坡面组合体，起伏不大，坡度较缓，地面崎岖不平，由连绵不断的低矮山丘组成的地形。丘陵坡度一般较低缓、切割破碎、无一定方向，一般没有明显的脉络，顶部浑圆，是山地久经侵蚀的产物。实习区有黄土丘陵、南部熔岩台地低山丘陵区。

（三）山地

山地是指海拔在 500 米以上的高地，起伏很大，坡度陡峻，沟谷幽深，一般多呈脉状分布。实习区有阴山山地、蛮汉山山系（如图 4-1）、马头山山系。

图 4-1 蛮汉山

(四) 盆地

盆地是指地球表面（岩石圈表面）相对长时期沉降的区域，因整个地形外观与盆子相似而得名。换言之，盆地是基底表面相对于海平面长期洼陷或坳陷并接受沉积物沉积充填的地区。沉积盆地既可以接受物源区搬运来的沉积物，也可以充填相对近源的火山喷出物质，当然也接受原地化学、生物及机械作用形成的盆内沉积物。实习区属于察哈尔熔岩台地与盆地区，有岱海盆地、永兴盆地。

二、主要地貌类型

(一) 黄土地貌

黄土地貌是第四纪时期形成的土状堆积物，受流水侵蚀作用形成，地表千沟万壑，支离破碎。实习点为刘家窑砖厂（见图 4-2）。

图 4-2 刘家窑黄土堆积剖面

(二) 河流地貌

1. 河流阶地

河流下切侵蚀，原来的河谷底部超出一般洪水位之上，呈阶梯状分布在河谷谷坡上，这种地形称为河流阶地。阶地的形成主要是在地壳垂直升降运动的影响下，由河流的下切侵蚀作用形成的，是地球内外部动力地质作用共同作用的结果。有几级阶地，就有过几次运动；阶地位置，级别越高，形成时代越老。阶地按上下层次分级，级数自下而上按顺序确定，愈向高处年代愈老。阶地物质下部为砂砾石，上部为粉砂、黏土，具二元结构。

河流阶地是在相对稳定堆积和迅速下切过程中形成的。由于下切侵蚀的条件不同，阶地的成因也不相同。其主要成因有：

（1）气候的变化，形成气候阶地。气候变化影响到河流中的水量和含沙量等，从而引起河流作用性质变化，在河谷中形成阶地。气候变干时，河流含沙量相对增多，河水量减少，地面植被稀疏，坡面侵蚀加强，带到河流中的泥沙量也增多，此时河床堆积增高；气候湿润期，河水量增多，植被茂盛，河水含沙量相对变少，导致河流下蚀，形成了阶地。由于气候干湿变化引起的堆积、侵蚀交替作用形成的阶地称气候阶地。

（2）构造运动，形成构造阶地。构造运动往往造成河道比降的变化，影响河流系统中侵蚀、搬运和堆积过程。当地壳相对稳定或下降时，河流以侧向侵蚀作用为主，此时塑造出河漫滩；然后地壳上升，河床比降增加，水流转而下切，于是原来的河漫滩成了河谷两侧的阶地。如果地壳多次间歇性上升，则可以形成多次阶地。

（3）侵蚀基准面的变化。侵蚀基准面下降引起河流下切侵蚀，最先发生在河口段，然后不断向源侵蚀，在向源侵蚀所能到达的范围内，一般都会形成阶地，阶地的高度从下游向上游逐渐减小，在向源侵蚀所到达的裂点处消失。如果侵蚀基准面多次下降，则能在纵剖面上出现好几个裂点，每一个裂点处上游将比下游少一级阶地。由于侵蚀基准面下降形成的阶地是从下游不断向上游扩展，因而同一级阶地下游的时代比上游要早。

（4）人类活动的影响，如水利工程建设，改变了基准面。

河流阶地按组成物质及其结构分为以下四类：①侵蚀阶地，又称基岩阶地。由基岩构成，阶地面上往往很少保留冲积物。②堆积阶地。由冲积物组成。根据河流下切程度不同，形成阶地的切割叠置关系不同又可分为：上叠阶地，是新阶地叠于老阶地之上；内叠阶地，新阶地叠于老阶地之内。③基座阶地。阶地形成时，河流下切超过了老河谷谷底而达到并出露基岩。④埋藏阶地。即早期的阶地被新阶地所埋藏。运用物理、化学、生物、年代学的方法研究阶地的级数、结构、年代、成因、分布的规律在科学上与经济上都有着十分重要的意义。

河流下切侵蚀，使原先的河谷底部（河漫滩或河床）超出一般洪水位以上，呈阶梯状分布在河谷谷坡的地形。阶地按照地形单元划分：阶地面、阶地陡坎、阶地前缘、阶地后缘。阶地特点：①阶地面通常向河流下游方倾斜，有一定的连续性。阶地面和下部斜坡交接的地方是阶地前缘，常受后期侵蚀变得不明显，阶地后缘往往被坡积物覆盖；②阶地高度是从河流水面算起；③阶地宽度指阶地前缘到阶地后缘间的距离；④阶地级数从下往上依次排列。

河流阶地形态要素，如图4-3所示。

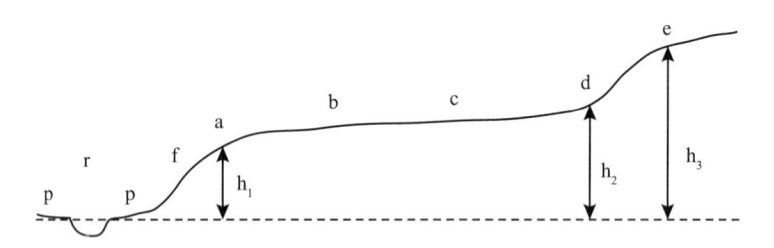

r 河床　p 河漫滩　f 阶地斜坡　a 阶地前缘　d 阶地后缘　e 第二级阶地前缘
abcd 阶地面　　阶地陡坎　h_1 第一级阶地前沿高度　h_2 第一级阶地前缘高度
h_3 第二级阶地前缘高度

图4-3　河流阶地形态要素

2. 洪积扇

洪积扇指暂时性或季节性河流出山口后变为多河床辫流形成的一种扇状堆积地形。主要发育在干旱山区或半干旱山区，往往是由多次洪积过程形成的。由于洪水大小不同，洪积作用规模也有差别，洪积扇顶部物质一般粗大，是潜水补给带，越向边缘越细，是潜水溢出带，溢出地表形成泉水或沼泽，甚至使地表呈现盐渍化。形成洪积扇的暂时性河流到山前多呈散流而消失，因此洪积扇是这类河流的末端沉积。所以洪积扇又有三角洲之称。洪积扇的叠置和变形是确定活动构造的重要证据之一。我国广大的干旱和半干旱西北和华北山区的山前地带，暂时性和季节性河流常形成典型的洪积扇。

洪积扇由暂时性流水堆积成的扇形地貌，又称为干三角洲。洪积扇由山口向山前倾斜，扇顶部坡度5°~10°，远离山口则为2°~6°，扇顶与边缘高差可达数百米。分布在干旱、半干旱地区的河流多为间歇性洪流，有的虽为经常性水流，但其水量变幅较大，也具有山区洪流的性质。同时山地基岩机械风化作用激烈，提供了大量粗粒碎屑物。由于河流出山口后，比降显著减小，水流分散形成许多支叉，因气候干旱，分散的水流更易蒸发和渗透，于是水量大减，甚至消失，因此所携带的物质大量堆积，形成坡度较大的扇形堆积体。在扇体的边缘需有泉水出露，成为干旱区的绿洲。组成洪积扇的堆积物叫作洪积物，通常扇顶物质较粗，主要为砂、砾，分选较差，随着水流搬运能力向边缘减弱，堆积物质逐渐变细，分选也较好，一般为沙、粉沙及亚黏土。洪积扇沿山麓常构成山前倾斜平原。

洪积扇尖顶，也就是河流流出山麓的谷口，和山外宽广的扇形外缘，组成成分是不一样的。当山区湍急的河流流出谷口，水流搬运能力下降，巨石率先停留下来。随着水流越来越远，越来越缓，搬运能力越来越弱，水中的沙石也逐渐沉降下来，先是石块，然后是粗砂，最后是黏土。所以洪积扇尖顶大多是粗颗粒的砂石，而到了外缘则演变成了细腻的沙粒黏土。

锅有缝隙和窟窿会漏水，土地也一样。洪积扇顶端的砾石、粗砂颗粒大，孔隙很多，就像筛子一样，会让水分渗漏到很深的地方，所以土地比较干燥。而到了扇形的外缘，土地由粉沙和黏土组成，渗水性很差，就像在田地之下铺了隔水防渗膜一样，能让水分充盈在土地表面，使扇缘土地湿润，甚至抬高地下水位，形成喷涌的泉水。天山脚下的绿洲，就是在这样湿润的土壤上生长出来。

洪积扇观察点：实习地为台状洪积扇，是新老洪积扇叠在一起的二元结构，具有分选特征。

实习地点：东十号村附近的采石场。

绝对位置：东经112°35′23″，北纬40°34′42″；海拔高度：1 448米。

该地区是由4~5个洪积扇组成的，每一个洪积扇是由洪水来的时候携带砾石和片麻岩等颗粒较大的堆积和洪水退去带来颗粒较细的泥沙叠加一起而成。由图4-4所见，层理很清楚。且砾石和片麻岩的磨圆度很好。证明是流水的作用。从每个洪积扇看出，初期气候湿润，洪水期水势较大，由于搬运速度不均匀有大小混合物夹杂其中，后来水势越来越小，由下到上的洪积扇所携带的混合物越来越轻小。花岗片麻岩是花岗岩的一种，主要由白云母、黑云母、斜长石、石英、长石组成。它们在地质作用中再次被岩浆作用，侵入和掩埋不同，形成不同类型的变质花岗岩。花岗岩和流纹岩成分相同。

图4-4 台状洪积扇

3. 三角洲

观察点：目花河三角洲。三角洲又称河口平原，是一种常见的地表形貌。河口为河流终点，即河流注入海洋、湖泊或其他河流的地方。未流入湖泊的内流河称为无尾河，可以没有河口。河口处断面扩大，水流速度骤减常有大量泥沙沉积而形成三角形沙洲，称为三角洲。三角洲是河流流入海洋、湖泊或其他河流时，因流速降低，所携带泥沙大量沉积，逐渐发展成的冲积平原。汇入湖泊、河流而形成的三角洲又叫内陆河流三角洲。而有一些河流直接在陆地上冲积出三角洲，而又未汇入其他水系，这样的三角洲叫内陆三角洲，是内陆河流三角洲的一种。三角洲从平面上看，像三角形，顶部指向上游，底边为其外缘，所以叫三角洲，三角洲的面积较大，土层深厚，水网密布，表面平坦，土质肥沃，易有洪涝。三角洲地区一般地势低平，河网密布，因而多为良好的农耕的地区。

4. 河相沉积

观察点：目花河北岸，岱海东侧目花沟谷地，位于二级阶地。主要是由坚厚的湖相沉积物和风成物交替叠加而成，沙性基地受河流侵蚀严重。剖面证明了岱海水位的变动，其中的黑色层是阶地原来的土壤，沙化植被明显。眼前的目花河虽然水流很少，但处在北方，夏季流水量还可以，所以我们也进行了研究。目花河最终流入了岱海。在凉城地区分为岱海水系、海河水系和岱海水系，前两者是外流水系，环岱海四周的河流注入了岱海。在凉城，岱海水系流域面积 2 250 多平方千米，黄河水系的流域面积大约 1 100 平方千米，海河水系流域面积为 500 多平方千米。岱海流域面积的水主要来自降水，受蒸发和人类活动的影响，岱海湖面不断减少。接着可以看到不整合地貌，从地质学上讲是由于不整合接触所致。平行的地方是湖相沉积，年代较短，倾斜的地方年代更长。

5. 分水岭

分水岭是指分隔相邻两个流域的山岭或高地。在自然界中，分水岭较多的是山岭、高原。分水岭的脊线叫分水线，是相邻流域的界线，一般为分水岭最高点的连线。按形态分为两类：对称和不对称分水岭。对称分水岭的分水线位于分水岭中央，两侧斜坡的坡踩、长度一致。不对称分水岭的分水线偏于分水岭的一侧，两侧斜坡不对称。在自然界中，对称分水岭极为罕见，广泛发育的是不对称分水岭。

岱海盆地东南分水岭临近山西，位于凹陷盆地东南，凹陷盆地大量淡水都在南侧，一般为裂隙水，因为海拔较高，蒸发量不大，裂隙水汇聚形成河流。有 30 多条。岩石性质为褐色玄武岩，还有有气孔的浮石，为中生代的。

6. 沟谷地貌

沟谷的发育是流水下切、溯源侵蚀和谷坡块体运动共同作用的结果。按沟谷的大小和发育形态，可分为四种主要类型：即细沟、切沟、冲沟、坳沟（干谷）。在山区范围内，沟谷形成的地貌分布广泛，垂直分带明显，自上而下一般由 3 部分组成：集水盆、沟谷主干、洪积扇。集水盆：沟谷上游小型集水洼地。沟谷主干：集水盆地水、沙通道。洪积扇：沟谷出山口后，坡降骤减，沟谷水所携带的物质大量堆积，形成以沟口为顶点的洪积扇。

(三) 湖成地貌

湖浪冲击边岸，形成的激浪流拍击湖岸，形成了以侵蚀作用为主的湖蚀地貌，如湖蚀崖、湖蚀穴、湖蚀阶地等。湖积地貌有：湖积阶地、湖积平原、湖积沙坝等。当湖泊不断填充淤塞，湖水变浅，逐渐向沼泽方向演化形成沼泽。最常见的湖成地貌是湖成台地和湖岸堤。湖成台地主要为湖蚀台地，但也发育一些湖积台地。湖积台地上发育堆积物，但不厚，为灰色或灰棕色的粗砂、细砂、粉砂层，局部可含砾石。

第二节 地貌野外调查

一、地貌调查任务

地貌调查是研究地貌的基本方法。它的任务是首先确定地貌形态特征，结合物质组成和结构等一系列条件，确定地貌成因和形成过程，为寻找地下水、矿产资源和工程建设提供依据。通常地貌调查和地质调查结合进行时，调查路线可以重合。专门进行地貌调查时，应先结合调查区的地形图、航空照片、卫星照片等资料综合研究，以对全区地质、地貌有一个总的概念，为确定具体考察计划和路线提供依据。

二、地貌调查内容

调查内容包括地貌形态描述、形态测量、成因、物质组成、现代作用过程、剖面图、素描图和照片等。在进行地貌调查前，应先结合调查区的地形图、航空照片、卫星照片等资料综合研究，以对全区地质、地貌有一个总的概念，为确定考察计划和路线提供依据。

三、地貌调查过程

地貌调查可分为三个阶段：准备阶段、野外调查阶段和总结阶段。

(一) 准备阶段

首先，确定调查任务。每次地貌调查都有专门任务，为解决某种项目或某个地区地貌而进行，因任务不同，所调查的内容、方法和手段也不同。其次，收集资料。集前人有关调查区的地貌、地质和自然地理等方面资料，并加以研究整理，提出与本次调查有关问题，以便在调查中解决。此外，还要收集卫片和航片，加以解译，以便对调查区的地貌得到初步了解。选择调查区的地形图底图也是一项重要工作，因为它是地貌调查的主要依据之一，选用地形图底图时应当用较大的比例尺，便于较准确地定位和进行野外填图。选定地形图之后，同样要先做判读工作。最后，制订调查计划，提出预期成果。

（二）野外调查阶段

主要进行路线和点的观测，详细记录观测内容，填绘和测量地貌图和剖面图、采集样品等。

（三）总结阶段

1. 资料的整理

主要把野外记录进行复核校正、归纳和综合分析，写成调查报告。

2. 样品处理

将野外采集的样品如岩矿、土样、化石、古土壤等，按分析要求进行鉴定和实验室分析测试，其结果应写入调查报告中，作为成果内容之一，此外对照片应进行挑选、剪接或放大，并注上摄影地点内容，附入调查报告中。

3. 编绘图件

包括地貌类型图、剖面图和柱状图（有钻孔的观察点）等，应将这些野外草图与前人的图件对比，修改补充，最后确定其内容，并按制图标准清绘成图，作为调查的重要成果之一。

4. 编写调查报告

调查报告是地貌调查的主要成果。

第五章　气象气候野外教学实习

第一节　气象气候教学实习基本内容

野外实习是自然地理学教学内容的重要组成部分，其目的在于培养学生对野外自然地理要素观测仪器的操作能力以及如何运用书本理论及知识点揭示实地的自然地理现象产生的原因，以达到巩固在学校课堂学习的基本知识点的目的。气象气候的实习内容有很多，包括气温、大气湿度、风速、风向、云、降水、能见度、蒸发与天气现象等自然地理要素，一个地区的气象要素受到地形、地貌、海拔等其他地理条件的影响，同时，气象要素也会随着时间的变化而变化，他们对自然地理环境的发展和变化有着重要的影响，作为地球表层系统中变化最活跃的圈层，大气圈扮演着重要的角色，与人类生产生活等活动息息相关，一般地，长期的野外实习主要以长期的地面观测及气候类型的判别为主，而短期的野外实习则以气象事件成因的判别与各气象要素的认识为主要内容，本章主要就短期野外实习为主，目的是使同学们在野外实习中能够亲身体验各气象因素及能够简单地运用野外气象观测仪器获取当地瞬时的气象要素，同时也要了解各观测仪器的观测原理，从而实现对理论知识的深刻掌握。

第二节　凉城气象气候基本特征

一、凉城气象气候总体特征

凉城县属中温带半干旱大陆性季风气候，年平均气温 2℃~5℃；全年极端最低气温 -34.3℃，极端最高气温 39.3℃。1月最冷，平均气温 -13℃，7月最热，平均气温 20.5℃。温带半干旱大陆性季风气候是一种介于温带季风气候与温带大陆性气候的一种特殊的气候，这是由于凉城县所处的经纬度与海陆位置决定的，凉城县位于我国季风区与非季风区的过渡带，是夏季温暖湿润的东亚季风影响的最北端，但同时又深居内陆，在冬季深受来自蒙古西伯利亚的干燥而寒冷的冬季风的影响，因此中温带半干旱大陆性季风气候既有温带季风气候的特点，也有着温带大陆性气候的特点。

温带季风气候夏季高温多雨：夏季太阳高度角增大，昼长，气温较高，从热带海洋吹来的东南季风带来丰沛的降水；冬季寒冷干燥：最冷月均温在0℃以下，冬季寒冷、季风性显著。这种气候带来的主要灾害性天气是：冬春季：寒潮（沙尘暴、霜冻、白害）；夏季：强对流天气（雷雨、大风、冰雹）。温带大陆性气候则有广义之分和狭义之分。广义的温带大陆性气候包括温带沙漠气候、温带草原气候及亚寒带针叶林气候。狭义的概念将湿润的后者除外。温带大陆性气候的特点是：冬季严寒，夏季炎热，气温年较差很大，日较差也很大。冬季受高压控制，最低温达－73℃；夏季南部7月平均气温达26℃～27℃，最高达33℃，北部接近20℃。最大年较差达62.3℃。终年受大陆气团控制，降水从南向北（北美从西向东）增加，年降水量从200毫米以下到400毫米左右，北部达300～600毫米。自然植被由南向北从温带荒漠、温带草原，过渡到亚寒带针叶林。

二、凉城县气象气候变化特征

（一）数据来源

本节将分别利用1981～2010年与1960～1988年凉城县气温等气象气候数据，从年内变化与年际变化两个时间尺度来分析凉城县气象气候的基本变化状况，其中1981～2010年的气象数据来自中国气象数据网（http：//data.cma.cn），中国气象数据网是气象科学数据共享网的升级系统，是国家科技基础条件平台的重要组成部分，是气象云的主要门户应用系统，是中国气象局面向国内和全球用户开放气象数据资源的权威的、统一的共享服务平台，是开放我国气象服务市场、促进气象信息资源共享和高效应用、构建新型气象服务体系的数据支撑平台。此次获取的气温、降水等气象数据均来自中国地面累年值日值数据集（1981～2010年），由各省上报的全国地面月报信息化文件，基于《气候资料统计整编方法（1981～2010）（发布版）》，进行整编统计而得。数据集为中国基本、基准和一般地面气象观测站1981～2010年，数据集包括气压、气温、降水、风要素的日气候标准值数据。

而1960～1988年的气象气候数据则来自凉城县气象局（111°40′E，39°55′N），其中气象数据分别包括平均气温、极端最高气温、极端最低气温、降水量、蒸发量、平均地温、日照时数、平均风速、大风日数、初霜日期、终霜日期、无霜期。凉城县人民委员会中心气象站建立于1959年1月1日，站址在新堂东门外，位于宣德大街南侧。1963年11月更名为凉城县气象站。1979年改名为凉城县气象局。1988年凉城县气象局下设后勤股和业务股，业务股又包括地面股和预报服务股。为预报准确，还在乡镇设立9个雨情点。主要观测项目有：云状、云高、云量、风向和风速、天气现象、能见度、降水、空气温度和湿度、地面温度、气压、蒸气、日照、积零等。主要预报服务，项目有：24小时和48小时短期天气预报、3～10

天中期天气过程预报、每月中期天气预报、超长期年景展望、专业有偿服务等。农业气象服务的主要工作有：农业气象观测和预报、气候区划和评价、农业气象情报的收集和传送。

（二）凉城县气象气候年内变化特征

如图5-1可知凉城县总体上夏季高温多雨，最高气温与最大降水月份均在7月，降水主要集中在7月与8月，最低气温出现在1月，冬季降水基本为零。根据境内的自然景观和农事活动，将气候平均气温5℃~20℃，≥20℃，20℃~5℃，≤5℃，划分为春、夏、秋、冬四季。

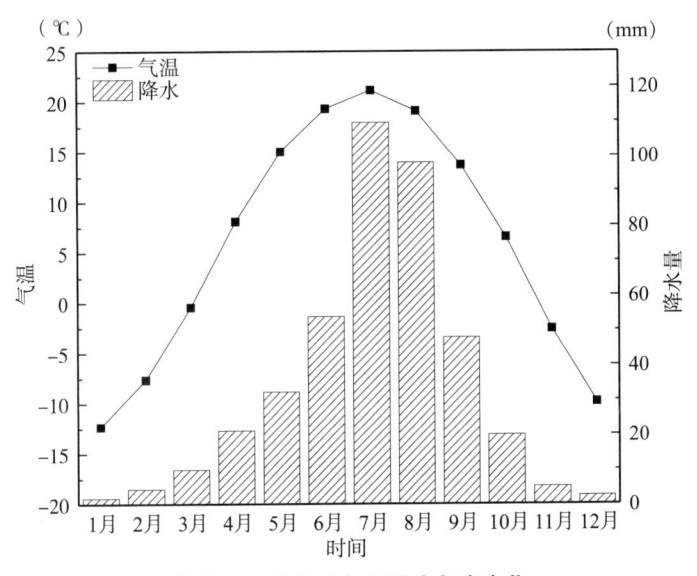

图5-1　凉城县气温降水年内变化

1. 气温变化特征

根据多年平均气温的变化特征，凉城县春季始于4月11日，终于6月25日，其间76天，如图5-2所示。特点是：多风、少雨、干燥，气温回升较快，但忽冷忽热。常有冷空气活动，造成大风降温，雨雪交加天气，形成冻害。雨少、风大、天热形成春旱。这个季节的季平均气温为14.1℃，季平均降水量为89毫米。夏季始于6月26日，终于8月10日，其间46天，特点是天气温热，雨水集中。季平均气温20.4℃，极端最高气温出现36.0℃以上，季平均降水量为170.0毫米，占年降水量的40%，此季盛行雷雨，易出现局地性暴雨、冰雹、山洪。短期的伏旱及热风也会出现。由于降水年际变化大，或因雨水不及时，少数年份出现伏旱或卡脖子旱。秋季始于8月11日，终于10月20日，其间71天，特点是：天气渐凉，秋高气爽，降水明显减少，霜冻开始出现，秋风渐多。季平均气温13℃。季平均降水量136毫米，占年降水量的32%。此季雷雨、冰雹渐少，个别年份出现阴雨连绵的天气，少数年份出现秋旱。冬季始于10月21日，终于次年4月10日，其间172天，该季漫长寒冷，多风干燥，冷空气活动频繁，易出现寒潮，造成强烈降温和风雪天气，季平均降水量为33.0毫米，占年降水量的7.8%，降雪为主。最冷在1月中旬到下旬。

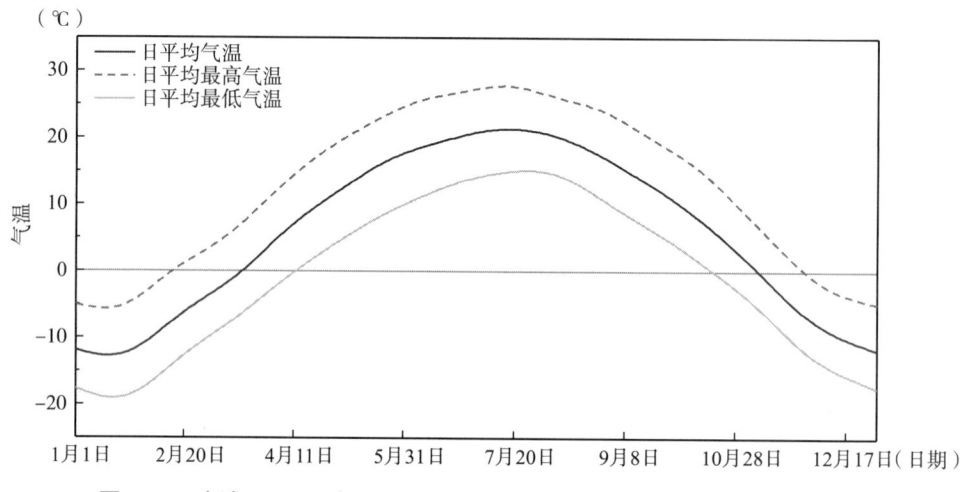

图5-2 凉城县日平均气温、日平均最高气温与日平均最低气温的年内变化

日平均气温即为累年同一日期的日平均气温做算术平均所得，日平均最高气温与日平均最低气温分别为累年同一日期的日最高气温、日最低气温做算术平均所得，如图所示，日平均气温、日平均最高气温与日平均最低气温均呈"单峰"型作年内变化，在7月中旬，日平均气温、日平均最高气温与日平均最低气温均达到最高值，在1月中旬，日平均气温、日平均最高气温与日平均最低气温均达到最低值。日平均气温、日平均最高气温与日平均最低气温分别反映了凉城县1981~2010年凉城县年内气温变化的平均状态，反映了该地区气温变化的一般状态。

2. 水汽压变化特征

水汽压（e）是空气中水汽所产生的分压力（分压强）。国际制单位为百帕（hPa）。水汽压是间接表示大气中水汽含量的一个量。大气中水汽含量多时，水汽压就大；反之，水汽压就小。

水汽压的大小与蒸发的快慢有密切关系，而蒸发的快慢在水分供应一定的条件下，主要受温度控制。白天温度高，蒸发快，进入大气的水汽多，水汽压就大；夜间出现相反的情况，基本上由温度决定。每天有一个最高值出现在午后，一个最低值出现在清晨。在海洋上，或在大陆上的冬季，多属于这种情况。但是在大陆上的夏季，水汽压有两个最大值，一个出现在早晨9~10时，另一个出现在21~22时。在9~10时以后，对流发展旺盛，地面蒸发的水汽被上传给上层大气，使下层水汽减少；21~22时以后，对流虽然减弱，但温度已降低，蒸发也就减弱了。与这个最大值对应的是两个最小值，一个最小值发生在清晨日出前温度最低的时候，另一个发生在午后对流最强的时候。

水汽压的年变化和气温的年变化相似。最高值出现在7~8月，最低值出现在1~2月。相对湿度因为与水汽压和温度都有关系，年变化情况比较复杂。一般情况下，相对湿度夏季最小，冬季最大。但是在季风气候地区，冬季风来自大陆，水汽特别少，夏季风来自海洋，高温而潮湿，所以相对湿度以冬季最小，而夏季最大。不过湿度的年、日变化，实际上比较复杂。因为除温度以外，各个地方地面干湿不同，蒸发的水分供给有很大差异。对流运动使水汽从下层向上层传输，使低层水汽减少，上层水汽增加，也会影响湿度的日变化。气流的性质也有很大影响，夏季低纬度海洋来的气流高温高湿，冬季高纬度大陆来的气流寒冷而干燥，也会影响湿度的年、日变化。

如图5-3所示，该地区水汽压年内变化，年平均水汽压为6.4百帕（hPa）呈单峰型变化，于8月3日达到最大值，为17.3hPa，5~7月水汽压急剧上升，8~10月水汽压急剧下降，水汽压在冬季相对稳定，稳定在2hPa左右。

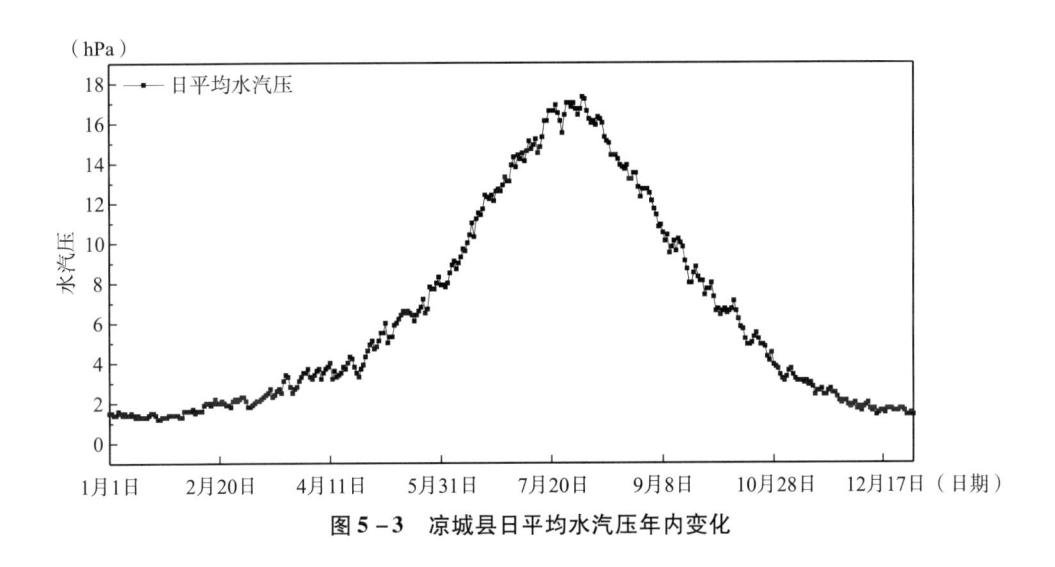

图5-3 凉城县日平均水汽压年内变化

3. 风速变化特征

关于风速，如图5-4、图5-5所示，该地区年平均风速为2.0米/秒（m/s），最大值出现在春季4月中旬，为3.6m/s，最小值出现在夏季8月末，为1.2m/s，该地区大风日主要集中在春秋两季，其中春季风速为年内最大，其次为秋季末期，夏季风速最小。关于风速的年际变化特征，如图所示，该地区风速年际变化无明显规律，波动性较强，但值得注意的是，从1977年开始，风速一直呈下降趋势。

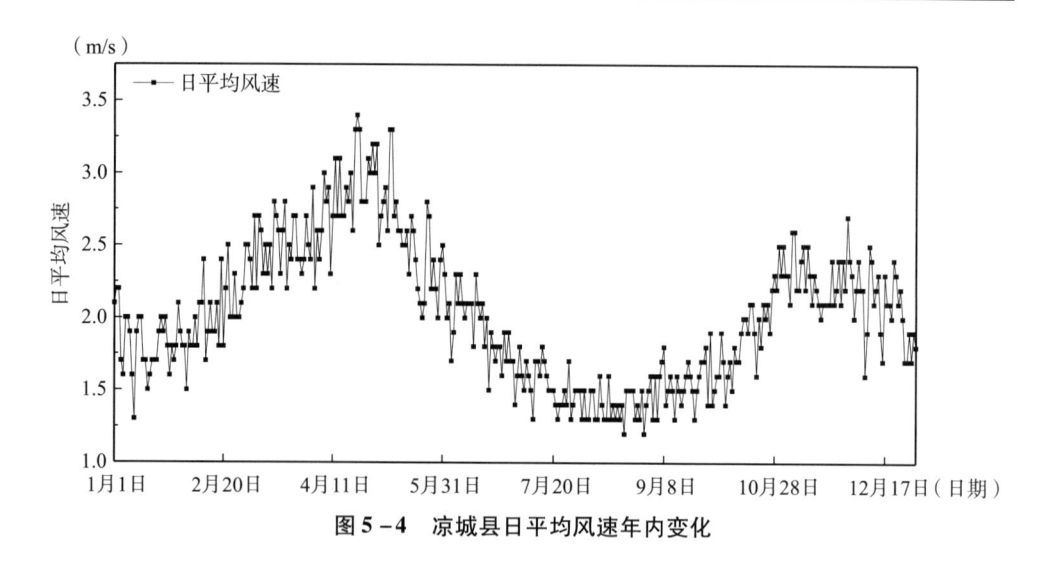

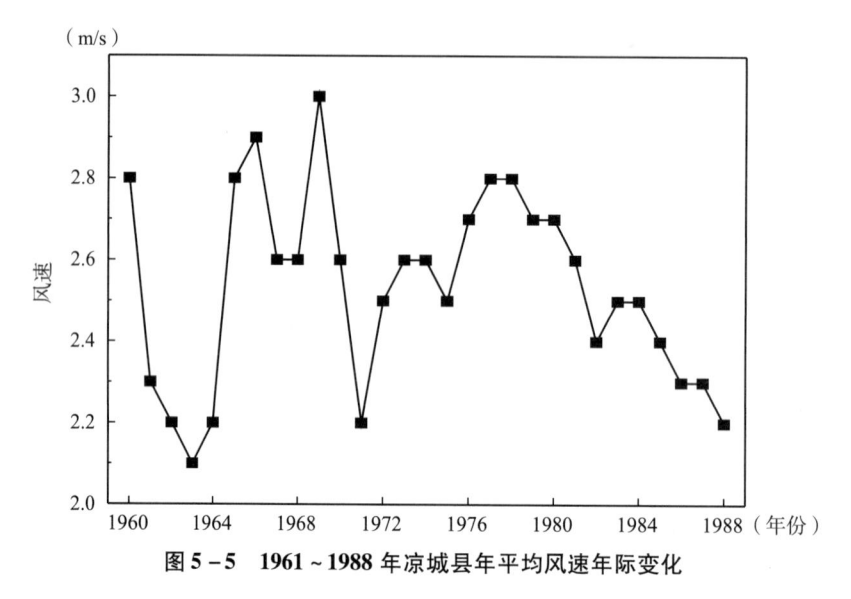

图 5-4 凉城县日平均风速年内变化

图 5-5 1961~1988 年凉城县年平均风速年际变化

风速，是指空气相对于地球某一固定地点的运动速率，常用单位是 m/s，1m/s = 3.6km/h。风速没有等级，风力才有等级，风速是风力等级划分的依据。一般来讲，风速越大，风力等级越高，风的破坏性越大。风速是气候学研究的主要参数之一，大气中风的测量对于全球气候变化研究、航天事业以及军事应用等方面都具有重要作用和意义。风既有大小，又有方向，因此，风的预报包括风速和风向两项。风速的大小常用风级来表示。风的级别是根据风对地面物体的影响程度而确定的。在气象上，一般按风力大小划分为 17 个等级。在天气预报中，常听到如"北风 4 到 5 级"之类的用语，此时所指的风力是平均风力；如听到"阵风 7 级"之类的用语，其阵风是指风速忽大忽小的风，此时的风力是指大时的风力。其实，在自然界，风力有时是会超过 12 级的。像强台风中心的风力，或龙卷风的风力，都可能比 12 级大得多，只是12级以上的大风比较少见，一般就不具体规定级数了。

(三) 凉城县气象气候年际变化特征

1. 极端气温年际变化特征

极端最低气温，也叫绝对最低气温。指历年中给定时段（如某日、月、年）内所出现的最低气温中的最低值。根据给定时段不同，可有某日、某月和某年极端最低气温。如某月极端最低气温是从全月各日最低气温中挑出的极值；某年极端最低气温是从全年各日最低气温中挑出的极值；某日极端最低气温是从全天多次观测的最低气温值。如果考虑多年状况，也有多年某日、多年某月及多年年极端最低气温。如多年某日极端最低气温是从历年某日最低气温中挑出的极值；多年某月极端最低气温是从历年某月最低气温中挑出的极值；多年年极端最低气温是从历年最低气温中挑出的极值。极端最高气温，也叫绝对最高气温。

指历年中给定时段（如某日、月、年）内所出现的最高气温中的最高值。同极端最低气温相似，也可分为某日、某月和某年极端最高气温以及多年某日、多年某月和多年年极端最高气温。如图5-6所示，凉城县1960~1988年平均气温、极端最高气温与极端最低气温均为波动变化，其中，平均气温在4.4℃~6.3℃波动变化，年平均气温最大值出现在1987年，为6.3℃，值得注意的是，1967~1971年连续五年年平均气温低于往年平均状态。通过拟合显示，1960~1988年年平均气温无明显上升或下降趋势；极端最高气温在30.3℃~36℃波动变化，极端最高气温最大值出现在1961年与1971年，极端最高气温最小值出现在1976年、1977年、1979年与1985年，值得注意的是，通过拟合显示，1960~1988年极端最高气温呈显著下降趋势（$P<0.05$），极端最低气温在-32.2℃~-24.4℃波动变化，极端最低气温最大值出现在1961年与1985年之后的4年，极端最高气温最小值出现在1964年与1971年，值得注意的是，通过拟合显示，1960~1988年极端最低气温呈显著上升趋势（$P<0.05$）。

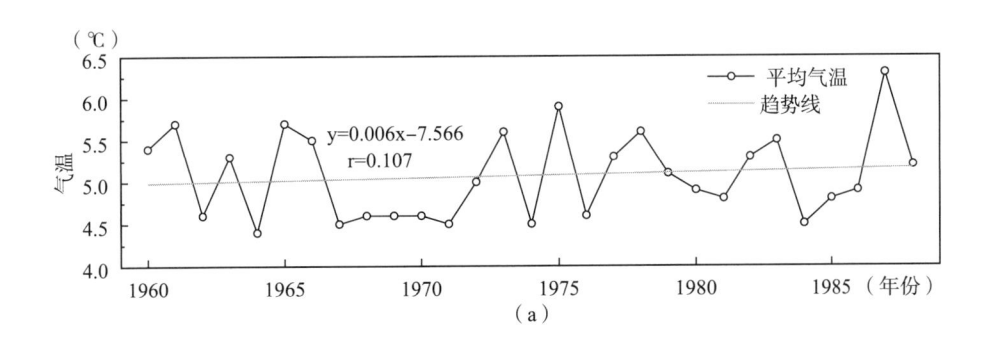

(a)

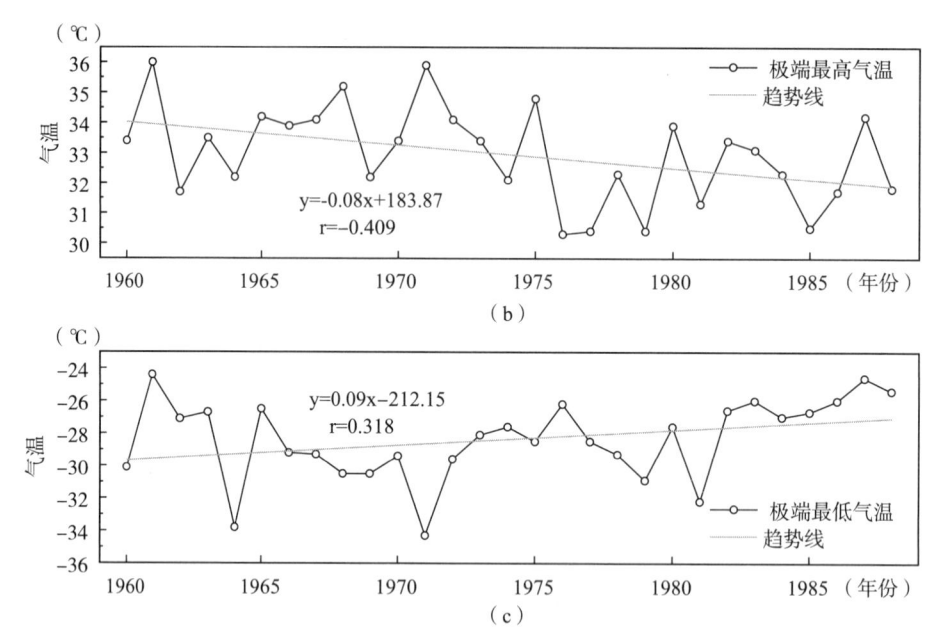

(b) 图表:极端最高气温趋势 y=-0.08x+183.87, r=-0.409

(c) 图表:极端最低气温趋势 y=0.09x-212.15, r=0.318

图 5-6 1960~1988 年凉城县平均气温、极端最高气温与极端最低气温年际变化

2. 降水量年际变化特征

关于降水的年际变化，如图 5-7 所示，凉城县的年平均降水量为 418.37 毫米，降水量变化的波动性较强。降水是指空气中的水汽冷凝并降落到地表的现象，它包括两部分：一部分是大气中水汽直接在地面或地物表面及低空的凝结物，如霜、露、雾和雾凇，又称为水平降水；另一部分是由空中降落到地面上的水汽凝结物，如雨、雪、霰雹和雨凇等，又称为垂直降水。但是单纯的霜、露、雾和雾凇等，不做降水量处理。根据中国气象局地面观测规范规定，降水量仅指的是垂直降水，水平降水不作为降水量处理，发生降水不一定有降水量，只有有效降水才有降水量。一天之内 50 毫米以上降水为暴雨（豪雨），25 毫米以上为大雨，10~25 毫米为中雨，10 毫米以下为小雨，75 毫米以上为大暴雨（大豪雨），200 毫米以上为特大暴雨。水汽在上升过程中，因周围气压逐渐降低，体积膨胀，温度降低而逐渐变为细小的水滴或冰晶飘浮在空中形成云。当云滴增大到能克服空气的阻力和上升气流的顶托，且在降落时不被蒸发掉才能形成降水。水汽分子在云滴表面上的凝聚，大小云滴在不断运动中的合并，使云滴不断凝结（或凝华）而增大。云滴增大为雨滴、雪花或其他降水物，最后降至地面。人工降雨是根据降水形成的原理，人为地向云中播撒催化剂促使云滴迅速凝结、合并增大，形成降水。

图 5-7　1960~1988 年凉城县降水量年际变化

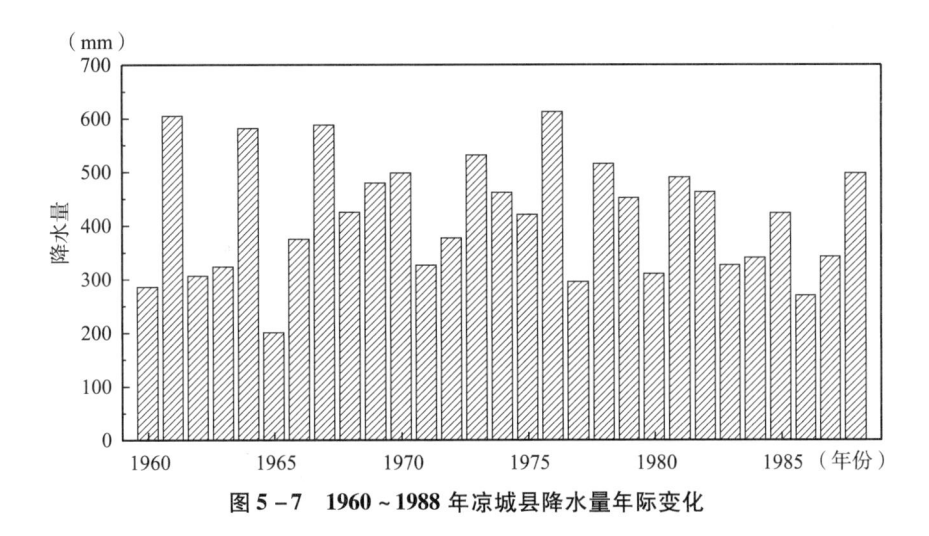

降水量是用在不透水的平面上所形成的水层来计量的，单位为毫米。常用雨量器、自记雨量计，近年来也用遥测法来进行测量。固体降水量，是指固体降水融化后水层的深度值。中国日降水量时制采用北京标准时，并以 20 时为日分界。在水文研究中，降水过程的观测用自记雨量计，雨量器则主要用于定时分段观测。由雨量站测得的雨量值，只代表某一点或较小范围内的降水情况，称点雨量。在水文学中常利用点雨量推算整个流域或某特定水文区的平均降雨量（又称面雨量）。计算流域平均降水量的方法很多，比较简便的有加权平均法和等值线法等。

3. 蒸发量年际变化特征

蒸发量为水由液态或固态转变成气态，逸入大气中的过程称为蒸发。蒸发量是指在一定时段内，水分经蒸发而散布到空中的量，通常用蒸发掉的水层厚度的毫米数表示，水面或土壤的水分蒸发量，分别用不同的蒸发器测定。一般温度越高、湿度越小、风速越大、气压越低、则蒸发量就越大；反之蒸发量就越小。土壤蒸发量和水面蒸发量的测定，在农业生产和水文工作上非常重要。雨量稀少、地下水源及流入径流水量不多的地区，如蒸发量很大，即易发生干旱。如图 5-8 所示，该地区 1966~1988 年蒸发量的年际变化围绕 2 000 毫米上下波动，但相比于降水量，蒸发量的变化较为稳定，波动性较小，同时，对比蒸发量与降水量年际变化，可以看出，该地区蒸发量约为降水量的 3 倍以上，该地区降水量远远少于蒸发量。

图 5-8　1966~1988 年凉城县蒸发量年际变化

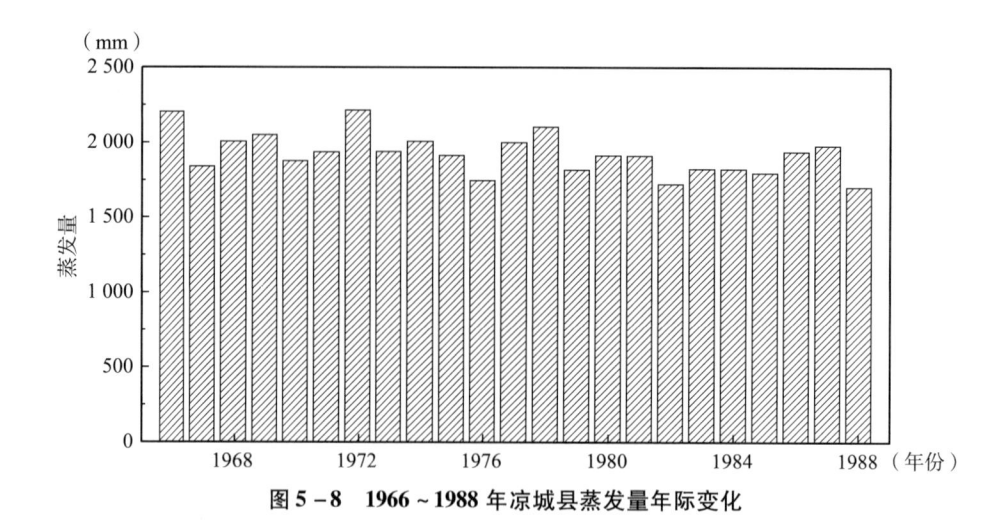

4. 气温与地温年际变化特征

如图 5-9 所示,可以看出,地温明显大于气温,同时气温与地温有着完全一致的变化状态。地温是大气与地表结合部的温度状况。地面表层土壤的温度称为地面温度,地面以下土壤中的温度称为地中温度。地温要用特制的地温计来测量。为了便于读数和准确测量某一深度土壤温度,地中温度通常采用特制的曲管地温表来测量。曲管地温表感应球部与表身呈135°角连接,安装时,只要将表身与地面呈45°倾斜角埋入土壤中即可。气象站一般观测地面以及地面以下 5 厘米、10 厘米、15 厘米、20 厘米、40 厘米、80 厘米、160 厘米和 320 厘米深度的地温,以及地面每天的最高、最低温度。

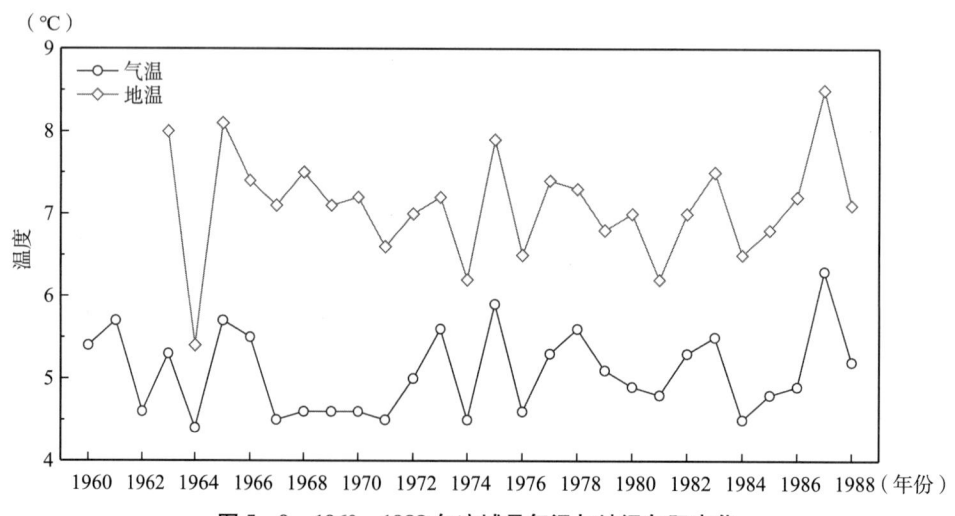

图 5-9　1960~1988 年凉城县气温与地温年际变化

白天,阳光普照,大地接收热量后地面的温度逐渐升高。到太阳落山以后,近地面的气温渐渐降低,地表的温度也随之开始下降。日出日落,地温表现出明显的日变化。随着四季变化,也存在明显的年际变化,这些变化一般随深度增加而减小。地温最高值、最低值的出现时间,随深度增加而延迟。地温的高低对近地面气温和植物的种子发芽及其生长发育、微生物的繁殖及其活动,有很大影响。地温资料对农、林、牧业的区域规划有重大意义。除此,高原冻土带修建铁路、地下矿产和地热资源开采等都需要参考多年的地温资料。

5. 无霜期年际变化特征

无霜期指一年中终霜后至初霜前的一整段时间。在这一期间内,没有霜的出现。农作物的生长期与无霜期有密切关系。无霜期愈长,生长期也愈长。如图 5-10 所示,该地区无霜期在 95~165 天波动变化,通过拟合分析,该地区 1961~1988 年无霜期呈显著上升趋势,无霜期显著延长,这可能与全球气候变暖的趋势有关。无霜期的长短因地而异,一般纬度、海拔高度愈低,无霜期愈长。地面出现白霜的春季终日至秋季初日期间的持续日数。各年日数相差很大,通常以其多年平均值表示,为农业气候热量资源的重要指标。无霜期长,作物生长期也长,热量资源丰富;反之,作物生长期短,热量资源贫乏。一般把无霜期作为喜温作物的生长期,此期间,作物不受冻害。但当空气干燥或有风时,往往气温降至 0℃ 以下,地面虽不见白霜,作物已受冻,农民称该现象为黑霜。干旱区一般只有黑霜,故农业气象学上常用地面最低温度 0℃ 的春季终日至秋季初日期间的持续日数来表示无霜冻期。中国各地的无霜冻期差异很大。

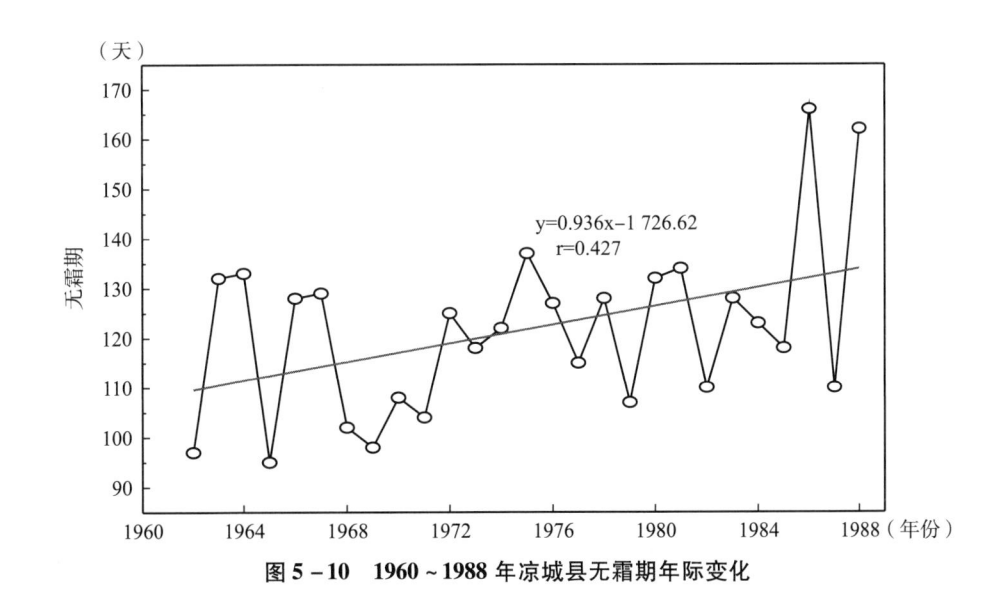

图 5-10 1960~1988 年凉城县无霜期年际变化

$y=0.936x-1726.62$
$r=0.427$

在实际生产中，真正有危害的是霜冻，因此应该叫无霜冻期，即春季最后一次霜冻至秋季第一次霜冻之间的天数。霜冻的温度指标一般认为是气温在1℃或者地温在0℃以下时即产生霜冻。5月份以前出现终霜冻，仅对育苗移栽的作物有影响，6月份出现终霜冻，对大多数出苗的作物就都有较大影响，同样秋季初霜冻如果出现在9月下旬对大多数作物影响不大，如果在9月中旬出现初霜冻将影响大多数作物的安全成熟，造成减产和水分过大。

一个地区无霜期的长短，主要与这个地区寒冷季节的长短有关。也就是说，寒冷季节长的地区，它的"终霜"结束时间迟，"初霜"开始时间早，无霜期就较短；与此相反，寒冷季节短的地区，它的"终霜"结束时间早，"初霜"开始时间迟，无霜期就较长。这是因为霜是在天气比较寒冷的情况下出现的，当靠近地面和作物表面的温度下降到0℃或0℃以下时，附在物体表面上的水汽，才能凝结成白色的霜。北方地区由于地面接收太阳热量比南方少；距冷空气的源地近，寒冷季节比南方长，这就决定了北方地区全年无霜期要比南方短。

6. 小结

综上所述，凉城县地形复杂，降水分布不均匀，地方性降水比较明显，夏季以雷阵雨为主，各地降水程度不一，年降水量在350.0~450.0毫米，而水面蒸发量在1938毫米左右，是降水量的4~5倍年平均湿润系数为0.37。在降水过程中年际变化较大。降水量最多可达790.0毫米，降水量最少时仅201.0毫米。以降雨为主，降雪次之。地方性降水不均匀的特点是：西北部蛮汉山地区年降水量较多，南部马头山地区降水量少于岱海滩、蛮汉山。因蛮汉山较高和山脉走向的缘故，冷空气越过受到阻挡并抬升，使该地区地方性降水较为明显。当冷空气越过蛮汉山，经岱海滩到达马头山地区，势力逐渐减弱，降水相应减少，故在一次性降水过程中，西北部大于东南部。

降雪一般在冬季出现，集中在深冬，平均降雪量为33.0毫米，占年降水量的7.8%，降雪最多年份可达76.0毫米（1979年），最少年份为9.0毫米。全县无霜期年平均为120天左右，其中滩地平原区无霜期为109~125天，初霜9月14日至9月20日，终霜5月17日至5月27日。丘陵山区无霜期是77~109天，初霜9月2日至9月14日，终霜5月27日至6月16日。大风多出现于春季，风向多偏西风，年平均风速2.6米/秒，历年各月平均风速最大3.4米/秒（4月），最小1.7米/秒（8月）。最大风速达20米/秒，相当于10级大风。

凉城县日照时间较长，年平均日照时数为3 026.7小时，日照百分率69%，各月日照时数在216.7~296.4小时。在夏季多雨的月份里，日照百分率为60%以上。凉城县年平均气温为2.0℃~5.0℃，1月最冷，平均为-13.0℃，7月最热，平均为20.5℃，极端最低气温-34.0℃，极端最高气温为36.0℃。气温是随着昼夜的变化、季节的转换、天气的好坏而变化的。春秋季气温变化急剧，昼夜温差较大，夏冬季气温变化大致较稳定。

全年中,从 4 月至 10 月,平均温度稳定在 0℃ 以上,此间温度的变化范围在 6.2℃~20.5℃,是热量的集中期。自 11 月起到次年 3 月止,月平均温度在 0℃ 以下,变化范围在 -14℃~13℃,热量较少,温度较低。从 9 月到次年 5 月,最低温度维持在 0℃ 以下,稳定 0℃ 以上仅有 3 个月。5 月到 9 月,月平均温度稳定在 10.0℃,其中 7 月气温在 20.0℃ 以上。12 月到次年 2 月最低温度常在 -20.0℃ 以下。

由于凉城县是以山地、丘陵为主的地区,热量分布不平衡,故其气温地理分布是由盆地到丘陵、山地热量递减,海拔 1 400 米以上地区的热量资源与上述地区相比,差异明显。岱海盆地和西北端盆地带,年平均气温较高,在 5℃ 以上,蛮汉山、马头山地区,年平均气温为 1.0℃,两地相差 4.0℃ 以上。

第三节　气候调查和基础研究的基本技能

气候调查是指利用观测仪器及观测技术对各气象要素进行实时观测,根据使用目的以获取相应的气象数据。

一、温度和空气湿度的观测

(一) 实习目的与意义

对空气温度和湿度的观测是地面观测中最重要的部分。通过湿度观测,掌握根据干湿球温度表的读数查算绝对湿度、相对湿度的方法。在此基础上,进一步弄清楚有关湿度的一些概念及它们之间的相互关系。

(二) 实习准备

(1) 确定实习的目的与任务。
(2) 准备笔记本、钢笔、计算器等相关测量记录工具。

(三) 实习内容

1. 百叶箱中的温度观测

百叶箱的四边是由两排薄的木板及叶组成,木板向内倾斜呈 45°角,箱底由三块木板组成,每块宽 101 毫米,中间一块比边上两块稍高些,箱盖有两层,两层间空气能自由流通。百叶箱应具有良好的反辐射能力,故内外均涂以白色,以减少辐射影响。

百叶箱应水平牢固地安装在一个高出地面 125 厘米的特别的架子上,箱门面对正北,门下放一个小台阶梯。以便观测。

2. 百叶箱内仪器安装

各仪器都安置在小百叶箱内特别的铁架上，干湿球温度表应垂直固定在铁架的两端，干球在东，湿球在西。球部离地面1.5米，湿球的下方是一个带盖的水盂，水盂固定在铁架下面的横梁上，盂口离湿球约3厘米，湿球纱布通过杯盖的狭缝引入盂内，浸入水中。

最高温度表应水平放置在铁架下面横梁上的铁钩上（头部略高），球部中心离地面1.5米，最低温度计放在较低的钩上，球部中心离地面1.52米，二支表球部均向东。

百叶箱内的温度计安置在前面的木架上，感应部分中心离地面1.5米；温度计应放在后面稍高的木架上，其高度以便于观测为准。

百叶箱内外应保持清洁，大雨、大雪后要及时将箱内的积水擦干净，以免影响记录的正确性。

3. 温度和湿度的观测

（1）概述。

空气温度是表示冷热程度的物理量，它是最基本的气象要素之一。干湿球温度表是两支相同的温度表。一支用来测定空气温度，称作干球，另一支温度表的球部缠有湿润的纱布，称为湿球。在未饱和空气中，由于湿球纱布上的水分不断蒸发，而所需要的热量来自蒸发湿球本身及流经湿球周围的空气，致使湿球温度下降。因此一般情况下，湿球温度表的读数比干球温度表低。

毛发湿度表是根据人的头发脱脂后会随着空气相对湿度的变化而长度有所改变的特性制成的。毛发湿度表是由毛发、指针和刻度盘构成。当空气湿度增大时，毛发伸长；当空气湿度减小时，毛发收缩。毛发伸长或收缩，指针随即在刻度盘上向右或向左转动，指示出当时空气相对湿度的数值。用毛发湿度表观测读数时，要使视线垂直于刻度盘，并对准指针的尖端，读取指针所指的数值，只读整数，小数四舍五入。

最高温度表能用来测量一天中的最高气温，它的构造与一般温度表不同，它的感应部分内有一玻璃针，伸入毛细管，使感应部分与毛细管之间形成一窄道，当温度升高时，感应部分水银体积膨胀，挤入毛细管；而温度下降时，毛细管内的水银，由于通道窄，不能缩回感应部分，因而能指示出上次调整后这段时间内的最高温度。最低温度表能用来测量一天中的最低气温，最低温度表里面的感应液是酒精，它的毛细管内有一哑铃形游标当温度下降时，酒精柱便相应下降，由于酒精柱顶端张力作用，带动游标下降；当温度上升时，酒精膨胀，酒精柱经过游标周围慢慢上升，而游标仍停在原来的位置上，因此它能指示上次调整以来这段时间内的最低温度。游标右端点指示位置即为最低温度读数。

（2）观测程序。

温度和湿度观测测定的是离地面1.5米高度处的气温和湿度。气温测定的项目有定时气温、日最高气温和日最低气温。观测程序依干球温度表、湿球温度表、最低温度表酒精柱、最高温度表最低温度表游标进行。观测结束后要及时调整最高温度表水银柱和最低温度表游标。

(3) 观测注意事项。

①熟悉仪器的刻度。温度观测要求记录到 0.1℃，初次使用温度表，应先了解其最小刻度单位。

②避免视差。视线应与水银柱顶端附近刻度线平行。

③动作迅速。因温度表感应较快，所以读数时动作要迅速，先读小数，后读整数，同时注意勿使头、手和灯接近球部，并尽量不要对温度表呼吸。

④复读。观测时要坚持复读，避免发生误读或零上零下的颠倒差错。

⑤温度在 0℃ 以下时，记录时应在读数前加负号。

(4) 湿度计算。根据干湿球温度表的读数可以查算空气的相对湿度。气象部门已编写了湿度查算表（气象常用表）供方便查阅。相对湿度以百分数表示，取整数。

由于多数学校没有《湿度查算表》，因此建议使用下列经验公式估算相对湿度近似值：

$$相对湿度 = 100\% - A \times (干球温度读数 - 湿球温度读数)\%$$

上式中的 A 是订正系数，不同的干球温度选用不同的 A 值。

二、风向和风速的观测

(一) 实习目的与意义

通过实习，使学生掌握风向、风速的观测方法。

(二) 实习准备

(1) 确定实习的目的与任务。
(2) 准备笔记本、钢笔、计算器等相关测量记录工具。

(三) 实习内容

1. 第一阶段：室内准备

空气运动产生的气流，称为风。它是由许多在时空上随机变化的小尺度脉动叠加在大尺度规则气流上的一种三维矢量。地面气象观测中测量的风是两维矢量（水平运动），用风向和风速表示。

风向是指风的来向、最多风向是指在规定时间段内出现频数最多的风向、人工观测，风向用十六方位；自动观测，风向以度（°）为单位。

风速是指单位时间内空气移动的水平距离，风速以米/秒（m/s）为单位，取

1 位小数，最大风速是指在某个时段内出现的最大 10 分钟（min）平均风速值。极大风速（阵风）是指某个时段内出现的最大瞬时风速值。瞬时风速是指 3 秒（s）的平均风速。

风的平均量是指在规定时间段的平均值，有 3s、2min 和 10min 的平均值。

人工观测时，测量平均风速和出现次数最多的风向。配有自记仪器的要做风向、风速的连续记录并进行整理。自动观测时，测量平均风速、平均风向、最大风速，极大风速。

测量风的仪器主要有 EL 型电接风向风速计、EN 型系列测风数据处理仪海岛自动测风站、轻便风向风速表、单翼风向传感器和风杯风速传感器等。

2. 第二阶段：实地观测

（1）仪器观测与记录。

打开指示器的风向、风速开关，观测两分钟风速指针摆动的平均位置，读取整数，小数位补零，记入记录簿相应栏中。风速小的时候，把风速开关拨在"20"档，读 0m/s～20m/s 标尺刻度；风速大时，应把风速开关拨在"40"档，读 0m/s～40m/s 标尺刻度。观测风向指示灯，读取两分钟的最多风向，用十六方位对应符号记录。静风时，风速记 0.0，风向记 C；平均风速超过 40m/s，则记为 >40.0，做日合计、日平均时，按 40.0 统计。

（2）目测风向风力。

①估计风力。根据风对地面或海面物体的影响而引起的各种现象，按风力等级表估计风力共分 12 级，并记录其相应风速的中数值。

②目测风向。根据炊烟、旌旗，布条展开的方向及人的感觉，按位估计目测风向风力时，观测者应站在空旷处，多选几个物体，认真地观测，以尽量减少估计误差。

③器测风力。测风设备实测到大于 12 级以上的风力，故将风力等级扩充至 18 级。

三、降水的观测

（一）实习目的与意义

初步掌握降水仪器的使用、观测、记录方法。

（二）实习准备

（1）确定本次实习的目的与任务。

（2）准备笔记本、钢笔、计算器等相关测量记录工具。

（三）实习内容

1. 第一阶段：室内准备

（1）基础知识。

降水量是指某一时段内的未经蒸发、渗透、流失的降水在水平面上积累的深度。以毫米（mm）为单位，取 1 位小数。

降水强度是指单位时间的降水量，通常测定 5min、10min 和 1 小时（h）内的最大降水量气象站观测每分钟，时、日降水量。

常用测量降水的仪器有雨量器、翻斗式雨量计、虹吸式雨量计和双阀容栅式雨量传感器等。

（2）雨量器。

雨量器是观测降水量的仪器，由雨量筒、量杯组成。雨量筒是用来盛接降水物体，它包括盛水器贮水瓶和外筒。我国采用直径为 20 厘米的正圆形盛水器，其口缘镶有内直外斜刀刃形的铜圈，以防雨滴溅失和筒口变形。盛水器有两种：一种是带漏斗的盛雨器；另一种是不带漏斗的盛雪器。外筒内放内放贮水瓶，用以收集降水。量杯为一特制的有刻度的专用量杯，其口径和刻度与雨量筒口径呈一定比例关系。量杯有 100 分度，每 1 分度等于雨量筒内水深 0.1 毫米。

2. 第二阶段：实地观测

每天 8 时、20 时分别量取前 12h 降水量。观测液体降水时要换取贮水瓶，将水倒入量杯，要倒净。将量杯保持垂直，使人的视线与水面齐平，以水凹面为准，读得刻度数即为降水量，记入相应栏内。降水量大时，应分数次量取，求其总和。

冬季降雪时，须将盛雨器取下，换上盛雪口；取走贮水器，直接用盛雪口和外筒接收降雪。

水观测时，将已有固体降水的外筒，用备份的外筒换下，盖上筒盖后，取回室内，待固体降水融化后，用量杯量取，也可将固体降水连同外筒用专用的台样称量、称量后应把外筒的重量（或毫米数）扣除。

20 时降水量观测时和观测前无降水，而其后至 20 时正点之间（包括延续至次日）有降水；或 20 时观测时和观测前有降水，但降水恰在 20 时正点或正点之前终止一遇有以上两种情况时，应于 20 时正点补测一次降水量，并记入当日 20 时降水量定时栏，使天气现象与降水量的记录相配合。

特殊情况处理：

在炎热干燥的日子，为防止蒸发，降水停止后，要及时进行观测。

在降水较大时，应视降水情况增加人工观测次数，以免降水溢出雨量筒，造成记录失真。

无降水时，降水量栏空白不填；不足 0.05 毫米的降水量记 0.0；纯雾、露、霜、冰针、雾凇、吹雪的量按无降水处理（吹雪量必须量取，供计算蒸发量用）；出现雪暴时，应观测其降水量。

第六章　植物地理野外教学实习

第一节　植物地理教学实习的目的与要求

一、实习目的

（1）通过野外观察，准确、熟练掌握和应用常用植物形态学术语，认识凉城县二龙什台蛮汉山、马头山及岱海周边常见植物，并采集植物、制作植物标本。

（2）了解凉城县境内常见植被和群落类型，了解典型植物的生态学特征，加强培养学生对植物与环境之间关系的认识。

（3）培养学生分析问题和解决问题的实际能力，如采集标本、制作标本、野外记录、描述和鉴定等能力；培养学生野外调查的能力，使学生具备在野外认识植物多样性及其生态群落特征的能力。

（4）使学生初步具备对凉城县生态系统特征形成与环境演变的关系进行创新分析的思维能力。

二、实习要求

（1）充分准备好野外实习工具及调查区的各类参考资料。

（2）认真研究实习目的与任务，制订详细的实习计划。

（3）实习过程中，认真记录各类植物的基本特征，以及其生态环境特征。

（4）按要求采集常见植物，认真制作植物标本，认识各类典型植物的特征。

（5）要求学生掌握对凉城县生态系统群落基本属性特征与数量特征的分析与认识的方法，初步具备对凉城县生态系统特征调查与分析的能力。

（6）所有学生在野外实习过程中必须服从安排，严格遵守各项纪律，注意安全；在野外实习中要善于观察、勤于思考；在生活中同学之间要相互帮助、相互学习，确保野外实习任务的完成，并能有效地保护环境。

三、凉城县主要植被类型

凉城县属于温带向暖温带过渡的半干旱生物气候带。天然植物受水热条件和复杂地形影响，从西北中低山到丘陵、岱海盆地，分布规律是：从旱生森林灌丛草原逐渐过渡到半干旱草原植被，同时受到地带性环境条件的影响，尚有草甸草原植被和盐生植被与地带性植被相间分布。

（一）森林灌丛草原植被

分布在蛮汉山和马头山山地的阴坡和半阴坡。主要建群种有山杨、白桦，其次还有落叶松、油松、樟子松、云杉、榆树、柳树；林下生长着绣线菊、沙棘、虎榛子、山杏、玫瑰、胡枝子、山榆、山黄柳、山樱桃等中生灌丛和苹果、苔草、艾菊、苍术、戌叶菊、铁杆蒿、山丹、芍药、柴胡、黄芩、知母、地榆等草本植物。一般草高 40～70 厘米，盖度 95% 左右。这一带发育着淋溶灰褐土，适宜林草生长。

山地顶部和阴坡分布着退化的灌木草原植被，主要有狼毒、铁杆蒿、麻黄、百里香、多叶棘豆、虎榛子、山樱桃等，一般草高 10～30 厘米，灌木高 1 米以下，盖度 40%～60%，这里发育着灰褐土亚类和粗骨灰褐土亚类。

（二）半干旱草原植被

分布在低山丘陵区，范围广，杂草种类多，是凉城县境内典型自然植被。以多年生草本植物组成。其中主要是丛生禾本科植物，旱生类杂草。优势群系以克氏针茅为主。主要有本氏针茅、狗尾草、冷蒿、野苜蓿、百里香、冰草、野豌豆、平车前、铁杆蒿等。一般高度 20～40 厘米，盖度 40%～50%，草场退化严重，这里发育着暗栗钙土亚类、栗钙土亚类、栗褐土亚类及黑垆土性栗钙土亚类，土壤干旱贫瘠。

（三）山地草甸草原

分布在蛮汉山及马头山西北部和南部、北部的白艮厂汉，海拔 1 900 米以上的山地上。草甸成分增加，林木稀少，灌木成分减少，植物种类增多。主要有贝加尔针茅、羊草、杂草类群落。主要建群种有贝加尔针茅、线叶菊、百合、地榆、铁杆蒿、知母、柴胡等，草高 40 厘米左右，盖度 80%～90%，土壤因草本更替趋向黑土化，这里发育着典型的生草灰褐土亚类。山地草甸草原植被，如图 6-1 所示。

图 6-1 山地草甸草原植被

(四) 草甸和盐生植被

分布在山丘各地、河流阶地及湖盆内水分条件较好地方，是非地带性植被，多属中生和湿生植物。草甸草原植被主要有寸草、芨芨草、羊草、披碱草、冷蒿、早熟禾、地榆、鹅绒萎陵菜、金戴戴、马兰、蒲公英、无芒燕麦、平车前等。局部低温盐碱地区还有苔草、碱茅、西伯利亚蓼、蒿蓄等，植株高 10～40 厘米，盖度 70%～90%，在草甸和盐生植被作用下，发育着草甸栗钙土、灰色草甸土、浅色草甸土、草甸盐土、沼泽土。

第二节 植物地理教学实习的基本内容

一、植物地理野外实习的调查准备

内蒙古自治区乌兰察布市凉城县区域的地形图、交通图、行政图，以及植被类型分布图等是野外植物地理实习重要、必备基础底图图件。地形图比例尺一般多采用 1∶50 000 比例尺的地形图作底图，交通图、行政图是野外对调查区域详细调查的基础图件。

搜集野外调查实习地点凉城县区域的相关植被类型、生态系统的调查研究的报告、论文或专著，是有效开展实习的必需前期基础准备工作，也是完成实践调查工作的重点。同时还要对现有资料进行深入室内研究，要着重结合凉城县的地形地貌，分析凉城县的地带性植被类型分布，特别是垂直地带性。凉城县地形总体特征为四面环山、中怀滩川（盆地）。凉城县海拔 2 305～1 158 米，北部为蛮汉山山系，山体狭而陡峭，最高峰海拔 2 305 米；南部为马头山山系，山体宽而平缓，最高峰海拔 2 042 米；中部为内陆陷落盆地——岱海盆地，岱海镶嵌其中。凉城县平均海拔 1 731.5 米。山地面积为 1 654.2 平方公里，占总面积的 47.83%；丘陵面积为 811.2 平方公里，占总面积的 23.46%；盆地面积为 827.6 平方公里，占总面积的 23.93%；水域面积为 165.3 平方公里，占总面积的 4.78%；素有"七山一水二分滩"之称。地形地貌复杂多样，植被类型及其分布也必然呈现多样化，因此有必要准备植物种类识别、鉴定的书集：《中国植物志》《种子植物科属词典》《中国种子植物科属检索表》《中国高等植物图鉴》等资料。植物地理野外实习常用仪器、用具主要包括地质罗盘、全球定位系统（GPS）、大比例尺地形图、望远镜、照相机、测绳、皮尺、钢卷尺、植物标本夹、枝剪、高枝剪、白纸条、大针、台纸、铅笔、手铲、小刀、植物采集记录本、标签、供样方记录用表格、方格绘图纸等材料及用品。

二、植物地理野外实习过程

（一）调查样地选择与标本制作

1. 取样方法

群落调查是植物地理与生态学研究的一项重要的基础工作。由于人力、物力和时间的限制，在进行群落调查时，一般只能抽取其中一部分作为样本来获取数据并进行分析，进而推断群落总体的特征，这个过程称为取样。

依据样地设置方式的不同，可将取样方法分为两大类型：

（1）主观取样法：即根据调查者的主观判断，认为选择能代表群落特征的"典型"样地进行调查。其优点是简便迅速，且省时省力，对于有经验调查者可获得很有价值结果，具有较好效果，尤其在大范围路线调查中常被采用。但该方法具有不能对调查得到的估计量进行显著性测验，无法确定其置信区间和预测可靠程度。

（2）客观取样法（随机取样法）：包括简单随机取样、系统取样和分层取样。在利用本方法时，每个样本被抽取的概率是已知的，因此可以计算估计量的置信区间，明确知道样本代表性的可靠程度。因此，客观取样是生态学研究中普遍采用的方法。

在进行植被野外调查时，根据研究目的、研究对象的特点选择不同取样方法。当对研究对象的性质不了解时，最好能比较几种取样方法的效果，然后确定最佳方法。

2. 样地设置与群落最小面积调查

样地不是群落的全部面积，它仅是代表群落的基本特征的一定地段。对植物群落调查应在确定的样地内进行，通过详细调查，以此来估计推断整个群落的情况。选择样地应遵循下列原则：种的分布要有均匀性；结构完整、层次分明；环境条件（尤指土壤和地形）一致；处于群落的中心部位，避开过渡地段。

样地形状大多采用方形，又称样方。可根据不同研究内容具体选择。小型样方用于调查草本群落或林下草本植物层，大型样方用于调查森林群落或荒漠中的群落。在野外设置过程中要使测绳为直线，通过测量线上面的读数来确定样方每边的长度。

样地面积大小，有部分经验值可供调查时参考使用，草本群落 $1 \sim 10$ 平方米（m^2），灌丛 $16 \sim 100 m^2$，单纯针叶林 $100 m^2$，复层针叶林、夏绿阔叶林 $400 \sim 500 m^2$，亚热带常绿阔叶林 $1\,000 m^2$，热带雨林 $2\,500 m^2$。通常在短期的野外实习过程中通常采用以下面积，草本群落：$1 m^2$，灌木群落：$25 m^2$，乔木群落 $100 m^2$。

样地数目多少取决于群落结构复杂程度。根据统计检验理论，多于 30 个样地的数值才比较可靠；为了节省人力与时间，考察时每类群落根据实际情况可选择 3~5 个样地。

3. 样地调查内容与方法

在植物地理与生态学野外调查过程中，必须对所要调查的植物或植物群落的周围环境条件进行调查和详细记录，目的是考察研究环境与植物或植物群落的关系，一般来说，应该对样地的经度、纬度、海拔、坡向、坡度、坡位、土壤厚度、枯枝落叶层厚度、腐殖质厚度、环境状况、人为干扰、群落类型等做较为详细的调查和记录。环境调查主要包括：地理位置的调查；地形条件的调查；人类影响程度的调查；土壤条件的调查；气候条件的调查。

（1）经度、纬度和海拔的测定。

通常使用全球定位系统（global positioning system，GPS）测定经度、纬度和海拔高度。具体使用方法如下：

①按键名称及功能。

电源键（Power Button）用于开机、关机和控制屏幕背景光的开关。

翻页键用于顺序循环显示各主页面，并从菜单各功能页中退回主页。

输入键（Enter Button）激活高亮度光标所指框项，用于确认菜单选项及输入数据。

上、下键（△或▽）用于上下左右移动光标，选择输入字母及数字。其主要功能有：在各画页或菜单中用于选择功能选项；在卫星状态页调整显示屏对比度；在地图页中缩放比例尺；在罗盘导航页中查看各种数据。

②读取海拔、纬度与经度。

站定一位置，长按 GPS 开关键，打开 GPS，出现搜索卫星画面。当出现搜索到卫星 4 颗以上，GPS 会自动出现海拔、纬度与经度的读数。搜索到卫星数越多，测定读数也越精确。最初几分钟，海拔、纬度与经度读数处于不断变化中，当数字不再变化时，该数字即为该位置的海拔、纬度与经度值：

③定位操作。

存储航点：手握 GPS，走到某位置时，需记录当前位置，具体操作步骤如下：按电源键开机；按翻页键找到功能菜单页；按上下光标，键使光标框住"存点"项；按输入键确认，机器内部从 001 开始顺次自动设定默认点；若采用默认航点名，则直接将光标移至"确定"处，按输入键记录下该航点，也可以自己定义航点名称（只能是英文或数字）。

④求面积操作。

在户外 GPS 开机定位后，连续按翻页键找到"菜单"画页。设置按左侧上、下光标键，选中"航迹"，按输入键，出现求面积画面。将光标移至"面积"处，按输入键，这时会出现一个关于面积数据及单位的文本框。上方为"面积"二字，中间是具体数字和单位，下方为"确定"二字。面积单位设定：按上、下键选中 SQ（面积单位）处，按输入键，出现面积单位选择栏，其中列有各种面积单位。

用户根据实际需要选择适合的单位,然后按输入键确定即可。其中:SQ FT:平方英尺;SQ YD:平方码;ACERS:英亩;SQ MI:平方英里;SQNM:平方海里;SQ MT:平方米;SQ KM:平方千米;每次求面积之前,删除以前的航迹,使面积数值归零。

面积实测步骤:结束清零及单位选择后,开始行走。走完一个闭合轨迹后,选中"确定",按输入键两次,即可看到测出的面积结果。通常 GPS 为卫星定位系统,其测量精度易受到天气等各种外界因素影响。偶尔出现误差属于正常现象。一般来说,大面积测量精度高,小面积测量有一定误差。为了提高测量精度,小面积测量在可能的情况下,建议多次测量取平均值。行走过程中,应保持较慢的均匀速度,接收机收星状况良好。采用累加方式测面积对提高精度有一定的帮助。具体如下:在行走过程中,每遇到拐弯处,可按一下确定键,再继续行走,直到回到出发点。例如走一正方形,在沿途的三个直角处可按"确定"键,最后回到起点,再按一次,即可得结果。

(2) 坡向的测定。

一般地质罗盘仪可对所在地的坡向进行测定:具体方法:站在坡面上,面对整个坡下,手持罗盘仪,使之保持水平状态,并使罗盘仪与自己的身体呈垂直状态,然后从罗盘仪上读数。注意:缠有紫色铜丝的指针(S 极)无论在什么时候都指的是南,而另一指针(N 极)指的是北。罗盘仪中有 0~3 600 的刻度,认真思考指针和刻度之间的关系,就不难看出自己脚下坡面的坡向。例如,S 极所指数字为 235°,N 极所指数字为 55°,那么坡向应该是北坡偏东 550,记作 N550E。又例如,S 极所指数字为 130°,N 极所指数字为 310°,那么坡向应该是西坡偏北 40°,记作 W40°N。

(3) 坡度的测定。

同样,用地质罗盘仪可对所在地的坡度进行测定。站在坡面上,面对整个坡下,将罗盘仪竖起,使罗盘仪中底部的半圈数字向下。让罗盘仪有镜的一方向外,并使罗盘仪的上部平面与坡面呈平行状态,右手扳动罗盘仪背部的杠杆,使得罗盘仪中长形水平管中气泡居中。此时,长形水平管下方的指针所指示的数字便是该坡面的坡度。

(4) 坡位的测定。

根据样地设置在坡面的位置确定坡位,坡位分为上部、中上部、中部、中下部和下部等几种类型。

4. 无样地取样法

无样地取样法不设立样方,而是建立中心轴线,标定距离,进行定点随机抽样。无样地法有很多具体的方法,比较常用的是中点象限法。具体方法如下:

(1) 在一片森林地上设若干定距垂直线(借助地质罗盘用测绳拉好),在此垂直线上定距(比如 15m 或 30m)设点,各点再设短平行线形成四分之象限。

(2) 在各象限范围测一株距中心点最近的、胸径大于 11.5cm 的乔木，要记下此树的植物学名，量其胸径或圆周，用皮尺测量此树到中心点的距离。同时在此象限内再测一株距中心点最近的幼树（胸径 2.5~11.5cm），同样量胸径或圆周，量此幼树到中心的距离。有时不测幼树，每个中心点都要作 4 个象限，在中心点（或其附近）选一个 1m² 或 4m² 的小样方，记录小样方内灌木、草木及幼苗的种名、数量及高度。

(二) 植物标本采集与制作

植物标本是进行植物地理与生态学野外调查与教学工作的重要材料，掌握植物标本的采集、制作和保存的一整套工作方法，对研究植物类型及生态系统是非常必要的。

1. 材料用品

包括标本夹、吸水纸、采集袋、枝剪、高枝剪、标本、台纸、铅笔、小刀、镊子、白纸条、大针、机线、乳白胶、采集记录表、采集号签、标本鉴定签、剪刀、毛笔、胶水等材料用品，以及《中国种子植物科属检索表》《中国高等植物图鉴》《中国植物志》等工具书。

2. 内容和方法

植物野外观察、采集、记录。

(1) 野外观察。

在野外观察植物时，要了解它们所处的环境、形态特征，以及它们与环境之间的相互关系。在野外观察一种植物时，可从以下几方面入手：

①了解植物所处的自然环境：植物生境要素包括地形、坡度、坡向、光照、水湿状况、同生植物，以及环境中动物活动情况等。

②了解植物习性：野外观察时要看该植物是草本还是木本。如果是草本，是一年生，二年生还是多年生，是直立草本还是草质藤本。如果是木本，是乔木，还是灌木或半灌木，是常绿植物还是落叶植物。同时要注意它们是肉质植物还是非肉质植物，是陆生植物、水生植物，还是湿生植物；是自养植物，还是寄生或附生植物、腐生植物。同时还要注意观察它是直立、斜依、平卧、匍匐、攀缘，还是缠绕。

③了解典型植物包括根、茎、叶、花、果实和种子六部分。在观察植物各部分时要养成开始于根，结束于花果的良好习惯，应先用肉眼观察，然后再用放大镜帮助。要注意植物各部分所处的位置，它们的形态、大小、质地、颜色、气味，其上有无附属物以及附属物的特征，折断后有无浆汁流出等，要尽量做到观察全面细致。特别是对花果观察，它们是高等植物分类的基础，对于花的观察要从花柄，通过花萼、花瓣和雄蕊，直到柱头的顶部，一步一步地，从外向内地进行观察。

对根、茎、叶、花、果实几方面观察时，分别要注意以下主要方面：

根：根观察时要注意，是直根系还是须根系，是块根还是圆锥根，是气生根还是寄生根。

茎：要注意观察其是圆茎、方茎、三棱形茎，还是多棱形茎，是实心还是空心，茎之节和节间明显否，匍匐茎还是平卧茎、直立茎、攀缘茎或缠绕茎。是否具根状茎，或具块茎、鳞茎、球茎、肉质茎。

叶：要注意观察其是单叶还是复叶。复叶是奇数羽状复叶，偶数羽状复叶，二回偶数羽状复叶，还是掌状复叶，是单身复叶还是掌状三小叶，羽状三小叶等。叶是对生、互生、轮生、簇生，还是基生。叶脉是平行脉、网状脉、羽状脉、弧形脉还是三出脉。叶的形状（如圆形、心形等），叶基的形状，叶尖的形状，叶缘、托叶形状以及有无附属物等要做全面观察。

花：首先观察花是单生还是组成花序，以及其花序是什么花序。然后观察花：是两性花、单性花，还是杂性花；如果是单性花则要看雌雄同株还是异株；花被观察时，看花萼与花瓣有无区别，是单被花还是双被花，是合瓣花还是离瓣花；雄蕊是由多少枚组成，排列怎样，合生否，与花瓣的排列是互生还是对生，有无附属物或退化雄蕊存在，是单体雄蕊、四强雄蕊、二强雄蕊、二体雄蕊，还是聚药雄蕊等。对于雌蕊应观察心皮数目，合生还是离生，什么胎座、胚珠数、子房的形状，子房是上位还是下位、半下位，花柱、柱头等都要细致观察。

果实：主要是分清果实所属的类型，其次是大小及果实形状的观察。

④观察木本类型时，首先要注意树形（主要是决定树冠的形状）。由于树种不同，树形一般可分为圆锥形、圆柱形、卵圆形、阔卵形、圆球形、倒卵形、扁球形、伞形、茶杯形、不整齐形等。观察树形，有助识别树种。其次观察树皮的颜色、厚度、平滑和开裂，开裂的深浅和形状等都是识别木本植物的特征。树皮上的皮孔的形状、大小、颜色、数量及分布情况等，因树种不同亦有差异，可帮助识别树种。同时，还要注意观察木本植物枝条的髓部：了解髓部的有无、形状、颜色及质地等。最后是对茎或枝上的叶痕形状，维管束痕（叶迹）的形状及数目，芽着生的位置或性质等方面的观察，这些也是识别树种的依据。

⑤在观察草本植物时，要注意植物的地下部分，有些草本植物具地下茎，一般地下茎在外表上与地上茎不同，常与根混淆。在观察草本植物的地下部分时，要注意地下茎和根的特殊变化。

总的来说，在野外观察一种植物时，应从植物所处的环境到植物的个体，由个体的外部形态到内部结构，既要注意植物种的一般性、代表性，也要能处理个别和特殊的特征。

（2）植物标本的采集。

植物标本（或腊叶标本），是由一株植物或植物的一部分经过压制干燥后而制成的。植物制成标本目的是便于保管，便于今后学习、研究及对照；因此，要求在野外采集时，选材、压制及对植物的记录等，应尽量要求和完备。

①采集植物标本时的注意事项。采集植物标本时，首先要考虑需要哪一部分、

哪一枝和要采多大最为理想。标本的尺度是以台纸尺度为准，若植物体过小，而个体数又极稀少，但因种类奇特、少见，就是标本小也应采。每种植物应采多少份，要看植物种类的性质视野外情况和需要数量。一般至少采两份，一份可做学习观察之用，一份送交植物标本室保存，以便将来学习研究。同时，采集时可多采些花，以做室内解剖观察使用。

植物的花、果是目前植物在分类学上鉴定的重要依据，因此，采集时须选多花多果的枝来采。倘若一枝上仅有一花或数花，可多采同株植物上一些短的花果枝，经干制后置于纸袋内，附在标本上。如果是雌雄异株的植物，只有力求两者皆能采到，才能有利于鉴定。

一份完整的标本，除有花果外，还需有营养体部分，故要选择生长发育好的，最好是无病虫害的，而且要有代表性的植物体部分作为标本。同时，标本上要具有二年生枝条，因为当年生枝尚未定型，变化较大，不易鉴别。

采集草本植物时，要采全株，而且要有地下部分的根茎和根。有鳞茎、块茎的必须采到，这样才能显示出该植物是多年生还是一年生，才有助于鉴定。

每采好一种植物标本后，应立即挂上填写详细的号牌。号牌要用硬纸做成，长30～50mm，宽15～30mm。号牌必须用铅笔填写，其编号必须与采集记录表上的编号相同。

②采集部分特殊植物的方法。

棕榈类植物有大型的掌状叶和羽状复叶，可只采一部分（这一部分要恰好能容纳在台纸上）。但必须把全株的高度、茎的粗度、叶的长度和宽度、裂片或小叶的数目、叶柄的长度等记在采集记录表上，叶柄上如有刺，也要取一小部分。棕榈类的花序也很大，不同种的花序着生的部位也不同，有生在顶端的，有生在叶腋的，有生在由叶基造成的叶鞘下面的。如果不能全部压制时，也必须详细地记下花序的长度、阔度和着生部位。

水生有花植物，有的种类有地下茎，有的种类叶柄和花柄随着水的深度增加而增长。因此，要采一段地下茎来观察叶柄和花柄着生的情况。另外，有的水生植物，茎叶非常纤细、脆弱，一露出水面枝叶就会粘连重叠，失去原来的形状。因此，最好成束地捞起来，用湿纸包好或装在布袋里带回来，放在盛有水的器具里。等它恢复原状后，用一张报纸，放在浮水的标本下面，把标本轻轻地托出水平。然后连纸一起用干纸夹好压起来，压上以后要勤换纸，直到把标本的水分吸干为止。

高等植物中，有很多是寄生植物，如像列当、槲寄生、桑寄生等，都寄生在其他植物体上，采集这类植物的时候，必须连寄生上它所寄生的部分同时采下，并且要把寄的种类、形状、同寄生植物的关系记录下来。

（3）野外记录。

在野外采集时，要求必须记录。记录方式通常有两种：一为日记，一为填写已印好的表格。日记适用于观察记载，表格适用于采集记录。野外每采集一种植物标本时需填写一份采集记录表。

在填写采集记录表时,应注意下列几点:

第一,填写时要认真负责,填写的内容要求正确、精简扼要。

第二,记录表上的采集号必须与标本上挂的号牌的号码相同。

第三,填写植物的根、茎、叶、花、果时,应尽量填写一些在经过压制干燥后,易于失去的特征(如颜色、气味、肉质等)。

第四,将填写好的表格,按采集号的次序集中成册,不得遗失、污损。

3. 压制植物标本

在野外将植物标本采集好后,如果方便,可就地进行压制,亦可带回室内压制。若将标本带回压制时,需注意不要使标本萎蔫卷缩(尤其是草本植物),否则会增加压制时的麻烦,亦会影响标本质量。

(1)注意事项。

①对采到一般植物的标本,采用干压法。具体方法:先把标本夹的两块头板打开,用有绳的一块平放着做底,上面铺上四五张吸水纸,放上一枝标本。再在上面盖上两三张纸,放上一枝标本(放标本时应注意:一是要整齐平坦,不要把上、下两枝标本的顶端放在夹板的同一端;二是每枝标本都要有一两个叶子背面朝上)。然后,等排列到一定的高度后(30~50cm),上面多放几张纸,放上另一块不带绳子的夹板。压标本的人轻轻地跨坐在夹板的一端,用底板的绳子绑住一端,绑的时候要略加一些压力,同时跨坐的一端用同样大的压力顺势压下去,使两端高低一致。最后,以手按着夹板来绑的一端,将身体移开,改用一脚踏着,用余下的绳子,将它绑好。

在以上压制植物标本过程中,还应该注意的细节有:一是标本的任何一部分都不要露出纸外;二是花果比较大的标本,压制的时候常常因为突起而造成空隙,使一部分叶子卷缩起来,在压这种标本的时候,要用吸水纸折好把空隙填平,让全部枝叶受到同样的压力;三是新压的标本,经过半天到一天就要更换一次吸水纸,防止标本腐烂发霉,同时换下来的湿纸,必须晒干或烘干、烤干,预备下次换纸的时候;四是换纸的时候要特别注意把重压的枝条,折叠着的叶和花等小心地张开、整好,如果发现枝叶过密,可以疏剪去一部分;五是有些叶、花和果脱落了,要把它装在纸袋里,保存起来,袋上写上原标本的号码;六是判断标本是否完全干燥,标本压上以后,通常经过8~9天,就会完全干燥了,这时把一片叶子折起来就能折断,标本也不再有初采时的新鲜颜色。

②针叶树标本在压制当中,针叶最容易脱落。为了防止发生这种现象,采来以后放在酒精或沸腾的开水里,或稀释过的热黏水胶溶涂里浸一会儿。多肉的植物(如石蒜种、百合种、景天种、天南星科等),标本不容易干燥,通常要1月以上,有的甚至在压制当中,还能继续生长。所以,采来以后,必须先用开水或药物处理一下,消灭它的生长能力,然后再压制,但花是不能放在沸水里浸的。

③在压制一些肉质、多髓心的茎和肉质的地下块根、块茎、鳞茎及肉质、多汁

的花果时，还可以将它们剖开，压其一部分，压的一部分必须具有代表性，同时要把它们的形状、颜色、大小、质地等详细地记录下来。

④对于一些珍贵的植物及个别特殊植物，在采集时或压制处理前，除详细记录外，必要的时候可以摄影，以后可将照片附在标本一起。

把标本压制干燥后，要按照号码顺序把它们整理好，用一张纸把一个号码的正副分标本隔开，再用一张纸把这个号码的标本夹套成一包，然后在纸包表面右下角写上标本的号码，每20包（可视压制者的意见）依号捆成一包。

（2）植物标本的制作。

①怎样上台纸。植物标本的台纸是由硬纸制作的，通常长42cm，宽29cm。如果标本比台大，可以修剪一下，但是顶部必须保留。将已压干的植物标本，经消毒处理以后，根据原来登记的号码把标本一枝枝地取出来，标本的背面要用笔毛薄薄地涂上一层乳白胶，然后贴在台纸上。每贴好十几份，就捆成一捆，选比较重的东西压上，让标本和台纸胶结在一起。

用重物压过以后，取回来，放在玻璃板或木板上，然后在枝叶的主脉左右，顺着枝、叶的方向，用小刀在台纸上各切一小长口。把口切好后，用镊子夹一个小白纸插入小长口里，拉紧、涂胶，贴在台纸背面。每一枝标本，最少要贴5~6个小纸条，有时候遇到多花多叶的标本，需要贴30~40个。有的标本枝条很粗，或者果实比较大，不容易贴结实，可以用线缝在台纸上。缝的线在台纸背面要排列整齐，不要重叠，而且最后的线头要拉紧；有些植物标本的叶、花及小果实等很容易脱落，要把脱落的叶、花、果实等装在牛皮纸袋内，并且把纸袋贴在标本台纸的左下角。有些珍稀标本，例如原始标本（模式标本）很难获得，应该在膏纸上贴一张玻璃纸或透明纸，把标本保护好，防止磨损。

②怎样登记和编号。标本上了台纸后，要把已抄好的野外记录表贴在左上角，要注明标本的学名、科名、采集人、采集地点、采集日期等。每一份标本都要编上号码。在野外记录本上、野外记录表上、卡片上、鉴定标签上的同一份标本的号码要相同。

③标本鉴定。根据标本、野外记录，认真查找工具书，核对标本的名称、分类地位等，如果已经鉴定好，就要填好鉴定标签并贴在台纸的右下角。

（3）植物标本的保存。

①怎样保存腊叶标本。在潮湿而昆虫多的地方，植物标本很容易损毁，因为植物标本容易受虫害（啮虫、甲虫、蛾等幼虫），应特别重视其加强保护。对于植物标本虫害，一般用药剂来防除。具体方法有：

第一，把标本浸在溶液里，也可以用喷雾器往标本上喷，还可以用笔涂一层。用升汞消过毒的标本，台纸上要注明"涂毒"等字样。由于升汞水在空气中发散对人是有害的，使用的时候要注意。

第二，往标本柜里放焦油脑、樟脑精、卫生球等有恶臭的药品，可以有效防止虫对植物标本的损毁。

第三，用二硫化碳熏蒸，这种方法的杀虫效果很好，但是时间一长杀虫效力就消失，所以每次要熏两次才行。

第四，在标本橱里放精萘粉是简单有效地防止植物标本被虫害损毁的方法：把精萘粉用软纸包成若干小包（每包 100~150 克），分别放在标本橱的每个格里，这种方法很简便，效果也很好。

②使用标本时应注意的事项。对标本尤其是原始标本应轻拿轻放，避免弯折。若看标本的时候顺次翻阅几份或者几十份标本，随意堆放，或把所有的标本一起翻过来，以及看完以后随意乱放，便很容易损坏标本，所以都是不允许的。正确使用标本方法是，顺着次序翻阅以后，要按照相反的次序，一份一份地翻回。同时，看完了的标本，尤其是原来收藏在标本橱里的标本，必须立刻放回原处。阅览标本的时候，如果贴着的纸片脱落了，应该把它照旧贴好。在查对标本的时候，不可轻易解剖标本。

三、植物群落特征调查

（一）植物群落属性标志与调查方法

植物群落的属性标志包括群落的种类组成、区系成分、生活型组成、植株物候期、植物生活力，以及植物间相互关系的其他表现，如层和层片的分化等。属性标志能表现出群落的基本性质，是非常有用的指标。群落属性调查中定量测取植物个体、种群、层片、层等大小单位的生长和分布特征，可以更为确切地反映群落发展变化的幅度和速度，了解植物群落特征，说明各种植物之间的联系和影响，并估算潜在的植物资源，为判别植物群落间类型的差异程度提供有说服力的依据。

1. 植物群落属性标志

（1）群落的分层结构。

植物群落的成层现象是极其重要的特征。一般优势层能较好地反映外界环境，其他层则更多地表现出群落内部环境。层是群落的最大结构单位，在很大程度上决定了群落的外貌特征和群落类型位置。

群落调查一般均以层为单位分别进行，森林群落一般分成乔木层、灌木层、草本（及小灌木）层、地被层四个基本层；每层内若由一些不同高度，乃至有不同生态特征的物种构成时，通常进一步细分为若干亚层；藤本植物和附生植物被列入层外植物（或称层间植物）单做记载。

（2）群落的种类组成。

种类组成是群落的另一实质性属性特征。登记每个样方所有高等植物种类（分层进行）的工作必不可少，需认真而仔细；同时采集标本（即使自己以为认识），野外实习时学生不可能识别所有植物，尤其应该采集标本；不认识的种类可用采集号码代表，以后再定名订正。登记植物种类时仍要遍查样方有无遗漏，有些种类在样方中没有，但分布在样方周围，也要登记，并且其名单应分别填入各层。

（3）生活型和生活型谱。

在天然和半天然植物群落中，所有植物种类不可能都属于同一生活型，而是由多种生活型所组成。因而，为了更清楚地认识群落的生态特征，调查时应把组成群落的植物种类所属的生活型和单因子生态类型尽量弄清楚。

我国关于植物生活型的分类，一般采用丹麦学者劳恩凯尔（Raunkier）的生活型系统：以温度、湿度、水分（雨量）作为表示生活型的基本因素，以植物体在度过生活不利时期（冬季严寒、夏季干旱时）对恶劣条件的适应方式作为分类的基础，具体的是以休眠或复苏芽所处的位置的高低和保护的方式为依据，把高等植物划分为五大生活型类群。

高位芽植物（Ph）：更新芽高于地面25cm处（>25cm），其中包括又矮高位芽，0.25~2.0m；小高位芽，2~8m；中高位芽，8~30m；特大高位芽，高度大于30m；这类植物多为乔木。

地上芽植物（Ch）：更新芽小于地面25cm（0~25cm），嫩枝在生长不利的季节仍可保存，多为小灌木、半灌木（茎下部木质）或草本。其中包括常绿性、落叶性等类型的垫状植物。

地面芽植物（H）：0cm，在生长不利的季节，地上器官全部或大部分死去，更新芽贴在地面，被枯死的地被物或土壤上层覆盖保护，地上部分枝叶伸展或匍匐。

隐芽植物（Cr）：<0cm，冬季所有地上部分和一部分地下茎部都死去，更新芽藏在地下或水中，为多年生草本植物，在地下器官中储存营养物质。如大多数的球茎、鳞茎、块茎以及许多根状茎的植物。

一年生植物（T）：在环境恶劣时地上地下各器官都死去，只留下种子（胚）延续生命，可分为秋季萌生的越冬型，春季萌生的非越冬型。

《中国植被》中采用的生活型系统，是根据植物体态划分的，共分为十四类：乔木、灌木、竹类、藤本、附生木本、寄生植物、半灌木和小灌木、多年生草本、一年生草本、寄生草本、腐生草本、水生草本、苔藓和地衣、藻菌植物等。

按劳恩凯尔的生活型类别，群落中植物生活型的组成，是群落对外界环境最综合的反映指标，某一地区或某群落内各类生活型的数量对比关系的统计，则称为生活型谱。通常是记以各大类的种数和种数百分率，目的是反映这一植被类型的生态特征。具体可参考表6-1进行统计。

（4）物候期。

物候期指的是调查时某种植物所处的发育期，可反映植物与环境的关系，既标志当地相应的气候特点，又说明植物对各样方、群落内部不同位置的小环境适应情况。野外调查时，大体可分为营养期、开花期（孢子期）、结果期（结实期）、落果期（落叶期或枯黄期）、休眠期或枯死期。通常使用简单图像符号或缩写字母代表，填写比较方便。具体方法：

表 6–1　　　　　　　　　植物丛群的生活型谱调查

各类生活型种类	高位芽植物（Ph）						地上芽（Ch）	地面芽（H）	地下芽（Cr）	一年生（T）	总计
	中（Mes. Ph）		小（Mic. Ph）		矮（N. Ph）						
	常绿	落叶	常绿	落叶	常绿	落叶					
	小计：		小计：		小计：						
	合计：										
种类（%）											

营养期：或者不记；花蕾期或抽穗期：V；开花期或孢子期：O（可再分：初花 3；盛花 O；末花 C）；结果期或结实期：+（可再分：初果 ⊥；盛果 +；末果 T）；落果期、落叶期或枯黄期：– –（常绿落果 – –）；休眠期或枯死期：八（一年生枯死者可记 X）。如果某植物同时处于花蕾期、开花期、结实期，则选取一定面积，估计其一物候期达 50% 以上者记之，其他物候期记在括号中。例如开花期达 50% 以上者，则记 O（V，+）。

（5）生活力。

在了解各种植物所处物候期以后，可以判断群落中各种植物生活是否正常有力。野外记录要求区分四级生活力：

优：植物发育良好，枝干发达，叶子大小和色泽正常，能够结实或有良好的营养繁殖，也无明显病虫害。

良：枝叶较繁茂，有一定病虫害，但不影响生长，能正常结实繁殖。

中：植物枝叶的发展和繁殖能力都不强，枝叶不繁茂，有明显病虫害，已经影响生长，但可以自然恢复。

差：植物达不到正常的生长状态，显然受到抑制，甚至不能结实，有严重病虫害，自然情况下可以预计将要死亡。

2. 植物群落属性调查方法

（1）树高和干高的测量。

树高指一棵树从地面到树梢的自然高度（对弯曲的树干只能沿直线测量）。通常在做样方的时候，先用简易的测高仪实测群落中的一株标准树木，其他各树则估测。估测时均与此标准相比较。

目测树高的两种简易的方法，可任选一种。其一为积累法，即树下站一人，举手约为 2m，然后按 2m、4m、6m、8m，往上积累至树梢。其二为分割法，即测者站在距树远处，把树分割成 1/2、1/4、1/8、1/16，如果分割至 1/16 处为 1.5m，

则 $1.5 \times 16 = 24$（m），即为此树高度。

干高即为枝下高，是指此树干上最大分枝处的高度，这一高度大致与树冠的下缘接近，干高的估测与树高相同。

(2) 胸径和茎径的测量。

胸径：指树木的胸高直径（DBH）大约指距地面 1.3m 处的树干直径。严格的测量要用特别的轮尺（即大卡尺），在树干上交叉测两个数，取其平均值。因为树干有圆有扁，对于扁形的树干尤其要测两个数。在地植物学调查中，一般采用钢卷尺测量。如果碰到扁树干，测后估一个平均数就可以了，但必须株株实地测量，不能仅在远处望一望，任意估计一个数值。

如果碰到一株从根边萌发的大树，一个基干有 3 个萌干，则必须测量三个胸径，在记录时其中 2 个放在括号内。胸径 2.5cm 以下的小乔木，一般在乔木层调查中都不必测量，应在灌木层中调查。

基径：是指树干基部的直径，是计算显著度时必须要用的数据。测量时也要用轮流测量的两个数值后取其平均值。一般用钢尺也可以。一般树干基径的测量位置是距地面 30cm 处，同样必须实测，不要任意估计。

(3) 冠幅、冠径和丛径的测量。

冠幅：指树冠的幅度，专用于对乔木调查时的树木测量，严格测量时要用皮尺。通过树干在树下量树冠投影的长度，然后测量树冠的宽度。例如长度为 4m，宽度为 2m，则记录下此株树的冠幅为 4m×2m。在地植物学调查中多用目测估计，估测时必须在树冠下来……走动，用手臂或脚步帮忙测量，特别是对树冠垂直的树，更要小心估测。

冠径和丛径：这两指标均用于灌木层和草本层的调查指标为调查的样本，面积不大，所以进行起来不会太困难。测量冠径和丛径的目的在于对此群落中的各种灌木和尊本植物的固化面积。冠径指植冠的直径，用于不成丛的单株散生的植物种类，测量时以植物种为单位，选测一个平均大小（即中等大小）的植冠直径，如同测胸径一样，记一个数字即可；然后选一株植冠最大和植株冠最小，测量直径记下数字。丛径指植物成丛生长的植冠直径，在矮小灌木和草本植物中各种丛生的情况较常见，因此以丛为单位测量共同种的各丛的一般丛径和最大丛径。

(二) 植物群落的数量调查及其计算方法

1. 植物群落的数量调查

群落的数量特征调查，涉及项目较多，其中较重要的是密度、频度和优势度样方法是计算群落的数量特征最重要的方法。但要研究、计算植物群落的数量特征，需要先通过对样方内进行数量指标的观测，即要登记每个样方内所有的植物种类，要分层次有顺序地进行。如先登记高位芽植物（乔木）、地上芽植物（灌木），再登记地面芽植物（草本）、隐芽植物及一年生植物。对样方内植物的调查、观测是非常重要的基础性工作，必须认真、仔细地测量，尽可能杜绝遗漏。通常按植物群落中的乔木、灌木、草本或半灌木、群落层间植物进行分层统计，并将调查数据详细填入表格中记录。

2. 植物群落的数量计算方法

在样方调查的基础上，根据层片结构记录表的有关数据，进行植物群落数量特征的计算、比较和分析。

（1）植物种群多度（个体数）或密度。

植物种群多度（个体数）或密度指的是在单位面积（样地）上某个种的全部个体数，或者叫作群落的个体饱和度，通常用若干统计样方进行计算。该方法基本能够反映该植物的影响和适应特点，野外实习中应尽量采用直接计算（尤其调查乔木和灌木时）。对于草本植物，由于不易区分根茎植物、匍匐植物、分蘖丛生植物的个体，可通过小型统计样方测算或使用估算多度级，并需要明确规定，按照地上茎数目或者加上对应的根系数作为个体数进行计算。

（2）频度（frequency）。

各种植物在群落内不同部分的出现率称为频度，通过以下方法获得：首先在群落内不同部位取一定数目的小样地，有某种植物出现的小样地的数目占所有小样地数目的百分比即为这一植物的频度。小样地的面积根据实际情况而定，对于草本群落，通常取1平方分米（dm^2）。

频度的作用在于说明个体数量及其分布。频度指数越大，表明个体数量多且分布均匀，该物种在群落中所起的作用也大。

（3）盖度（总盖度、层盖度、种盖度）的测量（coverage）。

盖度指某种植物在群落中覆盖的程度，有投影盖度和基部盖度两种表达方式。第一，投影盖度表示植物枝叶所覆盖的地面面积，以覆盖地面的百分比来表示。它表现出的是植物所实际占有的水平空间，即它利用太阳光能进行光合作用的同化面积。一般采用目测估算，也可以采用仪器量测。在林业上通常采用郁闭度来表示投影盖度。所谓郁闭度就是林冠彼此接触闭合的程度，一般以0、0.1、0.2等表示，完全郁闭时为1。第二，基部盖度指植物基部着生的面积。在草本群落中，投影盖度往往随着不同年份降水的多少而有很大差别，基部盖度则比较稳定。基部盖度一般通过量测基径然后计算获得。

群落总盖度：是指一定样地面积内原有生活着的植物覆盖地面的百分率，这包括了乔木层、灌木层、草本层、苔藓层的各层植物。所以各类植被相互重叠的现象是普遍的。总盖度不管重叠部分，只要投影覆盖两者都同等有效。如果全部覆盖地面，其总盖度为100%。如果林内有一个小林窗，地表正好都是裸地，太阳光直射时，光斑约占盖度的10%，其他地面为树木或草本覆盖，那么该样地总盖度为90%。总盖度估测对于一些比较稀疏的植被来说，是具有较大意义的。草地植被的总盖度可以采用缩放尺实绘于方格纸上，再按方格面积确定盖度的百分数。

层盖度：指各分层的盖度，即乔木层盖度、灌木层盖度、草木层盖度。实测时可用方格纸在林地内勾绘，这种方法比估测法要更准确。对有经验的植物学工作者，则可用目测估计各种盖度。

种盖度：指各层中每个植物种所有个体的盖度，一般也可目测估计。盖度很小的种，可略而不计，或记小于1%。个体盖度即指上述的冠幅、冠径，是以个体为单位，可以直接测量。同时，由于植物的重叠现象，故个体盖度和不小于种盖度，种盖度和不小于层盖度，各层盖度和不小于总盖度。

（4）优势种。

一个群落中优势度明显较其他物种高的一个或多个物种称为优势种。优势种提供了群落中基本的物质量，在森林群落中，乔木树种一般作为优势种。优势种中的最优势者，即盖度最大、重量最大、多度也大的植物种，称为建群种。建群种是群落的创造者和建设者。它占有最大的空间，对群落的物质循环影响最大，并对群落的其他物种有较大的影响和控制作用，对改变环境所起的作用也最大。优势种以外的盖度和多度都较小的植物种称为附属种。它们对群落环境的影响较小。一般说来，优势种更能有效地利用群落的环境资源，而附属种能够利用优势种利用后余下的部分环境资源。

优势度或显著度（DE）= 样方内某种植物盖度或胸高断面积

相对优势度或相对显著度（RDE）=（某种植物优势度/所有种的优势度之和）×100

（5）重要值（importance value）。

由于密度、频度、优势度从三个角度分别表示某种植物的数量特征，而它们的相对值则可以反映某种植物在群落全体组成成员中的重要地位。所以某种植物的相对密度、相对频度和相对优势度之和，便构成某种植物的重要值，从重要值的大小可以判断某一植物在群落中的重要程度。以上公式计算的数值，填入样方抽样植物数量特征分析表，就可以清楚地看出各种植物在群落中的相互关系。

(三) 植物群落物种多样性分析

1. 概念

生物多样性是指生物中的多样化和变异性以及物种生境的生态复杂性。它包括植物、动物和微生物的所有种及其组成的群落和生态系统。生物多样性可分为遗传多样性、物种多样性和生态系统多样性三个层次。植物群落物种多样性具有两种含义：一是指一个植物群落或生境中植物物种数目的多寡（数目或丰富度）；二是指一个植物群落或生境中全部植物物种个体的数目分配状况（均匀度），它反映的是各个物种个体数目的分配的均匀程度。植物群落的多样性是群落中所含的不同物种数和它们的多度的函数，多样性依赖于物种丰富度（物种数）和均匀度或物种多度的均匀性。两个具有相同物种的群落，可能由于相对多度的分布不同而在结构和多样性上有很大差异。

2. 意义

植物群落物种多样性是反映群落组织化水平，进而通过结构与功能的关系间接反映植物群落功能特征的指标。物种多样性研究具有以下三个方面的意义：一是认识群落的性质；二是为群落动态监测提供信息；三是为群落的保护和利用提供依据。植物群落物种多样性测定的数据主要来自对植物群落的野外样地调查，内容包括物种的高度、盖度、多度（以单位面积株数表示）和乔木的胸径等指标。在野外实习调查过程中，样地的设置可参考前述的观测样地设置方法，各群落类型的观察样地至少三个以上重复。

3. 多样性指数

植物物种多样性是群落的重要特征，在比较两个群落的物种多样性特征时，多样性指数正是反映丰富度和均匀度的综合指标。测定多样性指标较多，这里选择其中三种代表性的指标进行说明。

（1）辛普森多样性指数（Simpson index）。

辛普森在 1949 年提出过这样的问题：在无限大小的群落中，随机取样得到同样的两个标本，它们的概率是什么呢？如在加拿大北部森林中，随机采取两株树标本，属同一个种的概率就很高。相反，如在热带雨林随机取样，两株树同一种的概率很低，他从这个想法出发得出多样性指数。

（2）香农—威纳多样性指数（Shannon – Wiener index）。

香农—威纳指数和辛普森指数都包括了测量群落的异质性。香农—威纳指数借用了信息论方法。信息论的主要测量对象是系统的序（order）或无序（disorder）的含量。在通信工程中，人们要进行预测，预测信息中下一个是什么字母，其不定性的程度有多大。例如，bbbbbbb 这样的信息流，属于同一个字母，要预测下一个字母是什么，没有任何不定性，其信息的不定性含量等于零。如果是 abcdefg，每个字母都不相同，那么其信息的不定性含量就大。在群落多样性的测度上，就借用了这个信息论中不定性测量方法，就是预测下一个所采集个体属于什么种，如果群落的多样性程度越高，其不定性也就越大。

香农—威纳指数（Shannon – Wiener index）是用来描述物种的个体出现的紊乱和不确定性。如果从群落中随机抽取一个个体，它属于哪个物种是不确定的，而且物种数越多，其不确定性就越大多样性就越高。

香农—威纳多样性指数的意义在于物种间数量分布均匀时，多样性最高，两个个体数量不均匀的总体，物种越多，多样性越高。香农—威纳多样性指数是国内外生态学研究中采用较多的物种多样性指数，其优点为：一是较好地照顾了物种多样性的二元特征，且有均衡度指数；二是计算较为方便，有计算器就可方便地计算；三是有比较成熟的统计处理手段，可以估计不同群落香农指数的差异水平。

4. 物种丰富度指数

最简单的方法是比较两群落中的某类群物种的数量，即物种丰富度指数（species richness index）或种数。物种丰富度即物种的数目，是最简单有效的物种多样性测度方法。如果研究地区或样地面积在时间和空间上是确定的或可控制的，则物种丰富度会提供很有用的信息。因此，目前仍有许多生态学家，特别是植物生态学家经常使用该指标。对物种丰富度，根据陆生生物与水生生物的差异，通常采用两种方式进行测算。第一，用单位面积的物种数目，即物种密度来测度物种的丰富程度，这种方法多用于陆生植物的多样性研究，一般用每平方米的物种数目来表示。第二，用一定数量的个体或生物量中的物种数目，即数量丰富度（numerical species richness）。这种方法多用于水域物种多样性研究，如用于浮游生物的物种多样性研究。

物种丰富度除用一定大小的样方内物种的数目表示外，还可以用物种数目与样方或个体总数的不同数学关系 D 来测度。D 是物种数目随样方增大而增大的速率。目前，本学科已提出了多种指数，如格里森（Gleason）指数。

物种丰富度是物种多样性测度中较为简单且生物学意义明显的指数。实践中，关键的环节是样方大小的控制。同时，这种方法也存在着一些不足之处，若没有利用物种相对多度的信息，就不能全面地反映群落的多样性水平。影响物种丰富度的因素主要有历史因素、潜在定居者的数量（物种库的大小）、距离定居者来源地的远近（物种库距离）、群落面积的大小和群落内物种间的相互作用等。

第七章 土壤地理野外教学实习

第一节 土壤地理实习基本内容

土壤地理野外实习是野外实习的重要内容之一，也是土壤地理学的重要教学环节之一。土壤是具体观察自然要素的关键环节和具有生物活性动态变化的复杂自然系统，与人类的生产、生活息息相关。因此，对它们的了解和把握，是学好其他课程和从事相关研究的基础。它主要是通过实际访问、观察和现场调查过程来实现的。土壤地理野外实习的目的：促进理论联系实际，在野外实习过程中印证所学理论，加深对土壤地理学基本知识和基础理论的理解，同时将学过的知识和理论应用于实际；学习和掌握从事土壤地理野外研究的调查方法，学会独立从事土壤地理的野外研究。了解蛮汉山基带土壤类型、母质类型，仔细观察土壤剖面形态特征。了解随海拔高度的升高土壤类型的变化。通过实习观察几种不同土壤的颜色、新生体等形态特征，重点理解地形条件所造成的微气候环境对土壤形成的影响。

土壤地理野外调查的主要内容有：调查土壤所处的环境条件，认识各种成土因素对土壤所起的作用；研究调查区土壤的种类及各种土壤的形态特征；研究调查区土壤类型与地貌部位和各土壤类型间的相互关系及其所反映的系列性规律；研究调查区土壤类型组合性规律及各种土壤类型的界限；根据野外调查资料绘制各种土壤图件，统计各种土壤资源的面积和有关数据；并根据对调查区土壤资源的认识及利用的现状，分析土壤资源的生产潜力和改造措施。

一、土壤地理野外实习的准备

(一) 调查路线的选择

实习地区与实习路线的选择应依据典型性原则选择具有代表性的自然综合体进行调查，并依此设计分布均匀的调查路线，从点、线的土壤资料来说明面上的土壤情况。因此，选择土壤典型调查区或有代表性的路线是土壤地理调查的重要环节。

选择调查路线的基本原则是尽量使调查路线垂直于地形等高线，以便通过这条路线上的各种景观类型看到更多的土壤种类。同时，所选择的路线要有一定的代表性和典型性，要能控制调查地区的土壤全貌。

根据上述原则，土壤调查路线的选择应该注意以下几点。调查路线最好横穿河谷，这样便于观察水文、成土母质与地形等对土壤分布规律的影响，便于考察土壤的发生学特征。调查路线在平原区可以均匀布设。在山区则要选择典型山峰，但要考虑山峰的代表性。山峰的高度应具有高、中、低的差别。山体的切割程度，应具有浅切割、中切割和深切割的差异，同时还应考虑不同的坡度、坡向、坡位等地形因子以及岩层、成土母质和道路等条件。在农耕区选线应注意避开公路、铁路、村镇、灌溉渠道等非耕地设施，而应选择能代表当地农耕土壤的路线。

调查路线的间距一般是按底图的比例尺、成土环境和土壤复杂程度确定的。在平原区环境条件较为单一，土壤类型较少，调查路线的间距可大一些；如果地形等成土因素比较复杂，土壤种类比较多，调查路线的间距就要适当小一些。总之，以使调查路线能控制土壤分布范围为原则，调绘各种比例尺土壤图时的路线间距及工作量。

按上述选择调查路线的原则和方法，在实习前应根据已有资料，确定土壤地理野外实习的路线，并在此基础上制订实习计划，所确定的路线应尽可能地使同学们接触较多的土壤类型，以便使他们对土壤地理的空间概念有比较深刻的认识，从而深化对成土条件、成土过程和土壤属性三者关系的理解。2008年、2009年所确定的定点实习地区为乌兰察布市凉城县。实习路线为内蒙古师范大学盛乐校区—西沟门—刘家窑—岱海—蛮汉山。

（二）文献资料的收集

为了保证土壤地理野外调查工作有计划地进行，必须在野外工作之前，广泛收集调查地区的现有文献资料，并通过文献资料的分析，了解调查地区的情况，做到心中有数，以便减少调查工作的盲目性。所要收集的文献资料主要有：

1. 成土条件方面的资料

气象气候、地质地貌、成土母质、水文（地表水和地下水）、生物（植被、动物、微生物）等资料。并对各种资料进行综合分析，分析这些成土因素对土壤分布、形成发育、土壤属性的影响。要把成土因素作为土壤生态系统组成结构的一部分来研究。还要注意哪些问题前人已调查清楚了，哪些问题尚未搞清楚。

2. 土壤资料

为了搞好土壤调查制图工作，除了掌握调查区的成土条件方面的资料外，还要对土壤情况有所了解。

土壤资料主要包括土壤类型、土壤分布规律、形成特点、土壤性质、土壤存在的问题以及改良利用经验等方面的资料。应特别重视收集各种土壤图件。

对已收集到的各种土壤资料，应分类整理登记，妥善保存，有些还要整理摘录。对所有资料都要仔细阅读，并进行分析研究和评价。

3. 土壤地理底图的准备

地理底图是进行土壤地理野外调查制图的基础资料，缺少地理底图会给土壤图的野外调绘带来极大的不便。

土壤地理底图需要详细的自然地理要素，大体可以归纳为三种类型：第一种是地形图；第二种是影像图，即卫片或航片；第三种是地物图，这种土壤地理底图只表示主要地物，不表示地形，对专业土壤内容主要起定位指示作用。

4. 社会经济情况的资料

收集社会经济情况，特别是农业生产情况，以便了解人为活动对土壤的影响，为合理利用改良和挖掘土壤生产潜力提供依据。

（三）仪器和备品的准备

野外土壤调查和制图，需要的仪器和备品，大致可归纳为下列几类。

1. 填图和绘图仪器用品

罗盘仪、GPS、三角板、量角器、彩色铅笔、铅笔、小刀、橡皮、绘图仪器、透明方格纸、坐标纸等。

2. 调查用具

主要指挖掘土坑和采集土壤标本及分析样品的用具。一般常用的有：土锹、土镐、土铲、土钻、取土刀、土壤标本盒、土袋、标签、钢卷尺、剖面记录表、记录簿等。

另外，根据需要，可以准备一些测定土壤理化性状的简易仪器，主要是：稀盐酸、吸管、小滴瓶 pH 值混合指示剂（或 P 值广泛试纸）、蒸馏水、瓷反应盘、测亚铁用的赤血盐、土壤速效养分速测箱、土壤盐分速测箱、电位计（测氧还电位）、土壤容重和比重测定仪器、托盘天秤、土壤水分速测仪等。

二、土壤地理学实习内容

（一）土壤剖面环境条件调查

根据对地形图的研究，布设野外土壤剖面的位置。正确选择主要剖面点，不仅能提高土壤调查速度，而且有利于对土壤分类、特性做出正确判断，从而提高土壤调查的质量。主要剖面的位置应该选择在具有代表性的地形部位上，如山区应考虑海拔高度、坡向、坡度以及植被类型等因素，平原地区应该考虑地貌类型和母质类型等因素。

选择好剖面位置后，就应开始对该地段的环境条件进行调查。首先，地形观察，从山坡经山麓、洪积扇顶部、扇缘至冲积平原；其次，认识地形、地标沉积物、地表水状况、土壤利用特点等；最后，主要调查植被覆盖度及主要植物种类。

（二）土壤剖面的挖掘

土壤剖面是指从地面向下挖掘所裸露的一段垂直切面，这段垂直切面的深度一般在2m以内。通常由人工挖掘而成，供观察和研究土壤形态特征用。土壤剖面形态是土壤形成过程的真实记录，是在各种成土因素共同作用下形成的土壤内在性质和外在性质的综合反映，是野外研究土壤的主要手段，也为研究土壤理化性质、编制土壤图、评定土壤肥力等提供依据。

土壤剖面的调查与观测，首先必须进行野外实地土壤剖面的挖掘。在选择有代表性的地点后，挖长约2m、宽1m、深1~1.5m的土坑（如地下水位较高，达到地下水时即可），将朝阳的一面挖成垂直的坑壁。而与之相对的坑壁挖成每阶为30~50cm的阶梯状，以便上下操作。挖掘土壤剖面应注意以下几点：割面观察面要垂直、向阳，便于观察与拍照；挖掘出的表土和底土应注意以下几点：分别对应于土坑的两侧，观察完剖面后再分层回填；观察面的上方不宜堆土和走动，以免破坏表层土壤结构。

（三）土壤剖面的观察

1. 形成要素的观察

（1）气候资料的调查。包括温度、降水量、蒸发量、霜期、风、水、旱涝灾害等。

（2）母质。直接由岩石风化而形成的残积物母质。要记载岩石的种类、风化程度及形态，如系冲积物、风积物等运积母质，则记载其种类、生成过程及其性状。

（3）地形。地形通常可分为山地、丘陵、河谷、冲积平原、盆地及洼地等。了解地形时要记载地点、周围环境、地形的变化情况与土壤发育及分布的关系。

（4）侵蚀情况。在山区进行土壤调查与观察时要更为重要，要详细地记载侵蚀方式、程度、引起侵蚀的原因，如何采取防止措施。

（5）土壤的排水及灌溉情况。首先，观察地表水的有无及其状况、地下水位深度、灌溉条件的有无、现有灌溉系统及灌溉的可能性。其次，要记载该地区的排水情况、排水系统等。

（6）植被情况。包括植物群落、生长情况、指示植物、造林状况。

（7）农业生产状况调查。包括农作物种类，产量，茬口安排、施肥情况、丰产经验及畜牧业的发展情况等。

2. 土壤剖面的观察

土壤剖面是土壤内在形态的外在表现，因此研究土壤的外部形态，能了解土壤的性质及农业生产价值。在田间观察土壤时除观察土壤的自然环境外，还要借助于土壤剖面的观察与分析来全面了解土壤的一切特性。

(1) 土壤发生层划分。

土壤发生层简称土层，为土壤剖面上表现出的水平层状构造。反映了土壤形成过程中物质的迁移、转化和累积的特点。其野外鉴定特征主要包括土壤颜色、质地、结构、松紧度和新生体等。随着土壤形成过程的进行，成土母质发生层次分异，形成不同的土壤发生层。在同一发生层中，成土过程进行的淋溶、淀积、机械淋洗等作用的方式和强度基本一致，并反映在土层的形态特征上，如颜色、结构、质地、有机质、紧实度、新生体等。因此，各种土壤发生层都具有其特有的形态学特征。土壤发生层、土壤剖面与单个土体图解，如图7-1所示。

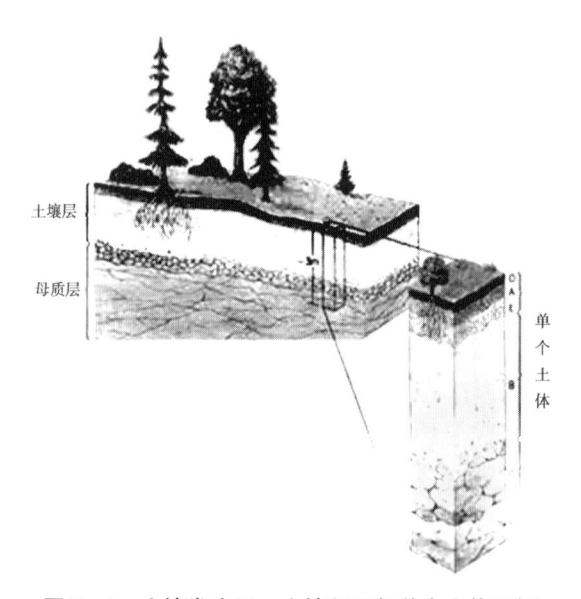

图7-1 土壤发生层、土壤剖面与单个土体图解

19世纪末，俄国土壤学家道库恰耶夫最早把土壤剖面分为三个发生层，即：腐殖质聚积表层（A）、过渡层（B）和母质层（C）。后来有研究者又提出许多新的命名建议，土层的划分也越来越细。但基本土层命名仍不脱离道库恰耶夫的ABC传统命名法。自从1967年国际土壤学会提出把土壤剖面划分为：有机层（O）、腐殖质层（A）、淋溶层（E）、淀积层（B）、母质层（C）和母岩（R）等六个主要发生层以来，经过一个时期应用，我国近年来在土壤调查和研究中也趋向于采用O、A、E、B、C、R土层命名法。主要发生层的含义阐述如下：

O层：指已分解的或未分解的有机质为主的土层。它可以位于矿质土壤的表面，也可被埋藏于一定深度。

A层：形成于表层或位于O层之下的矿质发生层。土层中混有有机物质，或具有因耕作、放牧或类似的干扰作用而形成的土壤性质。它不具有B、E层的特征。

E层：硅酸盐黏粒、铁、铝等单独或一起淋失，石英或其他抗风化矿物的砂粒或粉粒相对富集的矿质发生层。E 层一般接近表层，位于 O 层或 A 层之下、B 层之上。有时字母 E 不考虑它在剖面中的位置，而表示剖面中符合上述条件的任一发生层。

B 层：在上述各层的下面，并具有下列性质：

①硅酸盐黏粒、铁、铝、腐殖质、碳酸盐、石膏或硅的淀积；

②碳酸盐的淋失；

③残余二氧化物、三氧化物的富集；

④有大量二氧化物、三氧化物胶膜，使土壤亮度较上、下土层为低，彩度较高，色调发红；

⑤有粒状、块状或棱柱状结构。

C 层：母质层。多数是矿质层，但有机的湖积层也划为 C 层。

R 层：即坚硬基岩，如花岗岩、玄武岩、石英岩或硬结的石灰岩、砂岩等都属于坚硬基岩。

G 层（潜育层）：是长期被水饱和，土壤中的铁、锰被还原并迁移，土体呈灰蓝、灰绿或灰色的矿质发生层。

P 层（犁底层）：由农具镇压、人畜践踏等压实而形成。主要见于水稻土耕作层之下，有时亦见于旱地土壤耕作层的下面。土层紧实、容重较大，既有物质的淋失，也有物质的淀积。

J 层（矿质结壳层）：一般位于矿质土壤的 A 层之上，如盐结壳、铁结壳等。出现于 A 层之下的盐盘、铁盘等不能叫作 J 层。

凡兼有两种主要发生层特性的土层，称过渡层，如 AE、BE、EB、BC、CB、AB、BA、AC、CA 等，第一个字母标志占优势的主要土层。若来自两种土层的物质互相混杂，且可明显区分出来，则以斜竖"/"表示，如 E/B、B/C。土壤剖面构型的一般综合图式，如图 7-2 所示。

主要性状描述为：在描述土壤发生层的发育特征时，常用下标字母来表示该发生层的主要形状。如 Bt 表示该淀积层有明显的黏化现象，是一个黏化层。Btg 表示该层不仅有黏化现象，还进行氧化还原过程。

用来修饰主要土壤发生层的小写字母及其含义如下：

b：埋藏或重叠土层。

c：结核状物质积累。常与表示结核化学成分的字母连用，如 Bck 表示碳酸钙结核淀积层。

g：氧化还原过程所形成的土层，有锈纹、锈斑或铁、锰结核。

h：矿质土层中有机质的自然累积层，如 Ah 是在自然状态下未被人为耕作扰动的土层。

k：碳酸盐的累积，与钙积过程有关。

m：指被胶结、固结硬化的土层，常与表示胶结物的化学性质的字母连用，如 Bmk 表示碳酸盐胶结的石灰结磐层。

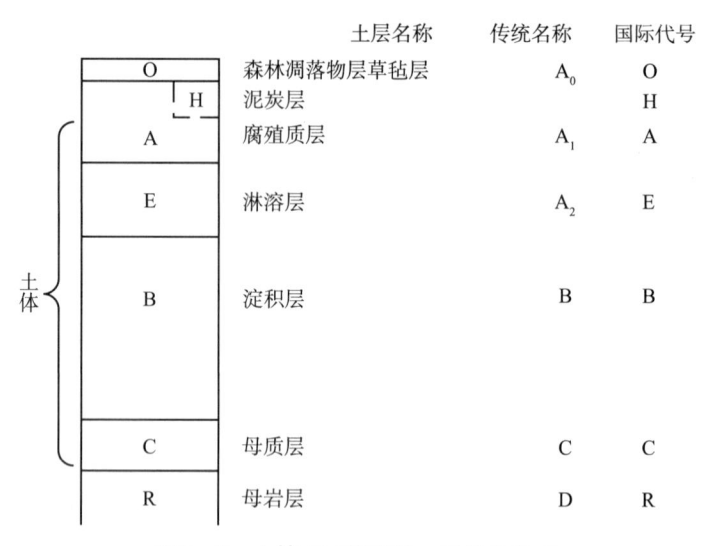

	土层名称	传统名称	国际代号
O	森林凋落物层草毡层	A_0	O
H	泥炭层		H
A	腐殖质层	A_1	A
E	淋溶层	A_2	E
B	淀积层	B	B
C	母质层	C	C
R	母岩层	D	R

（左侧大括号标注"土体"，包含A、E、B、C层）

图7-2 土壤剖面构型的一般综合图式

n：钠的累积，Btn 表示碱化层。

p：经耕作或其他措施扰动的土层，如 Ap 表示耕作层。

q：次生硅酸盐的聚积层，如 Bmq 表示 B 层已为硅酸盐胶结成硅化层。

r：地下水引起的强还原作用产生蓝灰色的潜育化过程。

s：指铁、铝氧化物的累积层。

t：黏粒聚积的土层。

w：指 B 层中就地发生了结构、颜色、黏粒含量变化，而非淀积性土层。

x：脆磐层。土体呈中、弱结特性，结构体或土块受压时会脆裂，干时呈硬性或极硬结特性。通常为斑纹杂色，不易透水，呈粗糙的多面体或棱柱体。

y：在干旱条件下发生的石膏淋溶淀积产生的石膏聚积层。

z：盐分聚积层。

（2）土壤剖面的观察与描述记载。

学习观察和正确地描述记载剖面特征，是土壤野外调查的重要基本功能。

①剖面发生层次及构型的观测与划分。土壤发生层次及其排列组合特征（或剖面构型），是长期而相对稳定的成土作用的产物。由于各类土壤的成土条件、成土过程的差异，土壤发生层次及其剖面构型亦不相同。它是鉴别和划分土壤类型的重要形态特征之一。代表某土类或亚类成土条件、成土过程的土壤发生层次，可称为该类型的诊断土层。例如，寒温带针叶林成土条件下的灰化层、腐殖质淀积层，就是灰化土的诊断层，温带草甸草原植被条件下的腐殖质化和钙化过程形成的暗色腐殖质层和钙和解层，就是草原土壤的诊断层。

根据土壤剖面发生层次的基本图式，结合实习地区剖面观察点的成土条件、各土层综合特性等来划分发生层次，并用符号加以标记。例如：用 A 代表腐殖质层；A0 或 O 表示枯枝落叶层或草毡层；H 表示泥炭层；E 表示淋溶层；B 代表淀积层；

C 代表母质层；D 或 R 代表母岩层。根据各土层性状与成因的差异可进一步细分，并在大写字母的右侧加一小写字母的方式来表示区别，如：A 层可细分为：Ah（自然土壤的表层腐殖质层）；Ap（耕作层），Ag（潜育化 A 层），Ab 埋藏腐殖层。E 层可细分为：Es 或 A2（灰化层）、Ea（白浆层或漂洗层）；B 层可细分为：Bt（黏化层）、BCa（钙积层）、Bn（腐殖质淀积层）、Bin 或 Box（富含铁、铝氧化物的淀积层）、Bx（紧实的脆盘层）、Bfe（薄铁盘层）、Bg（潜充化的）。C 层可细分为：Ca（松散的）、Cca（富含碳酸盐的）、Ccs（富含石膏的）、Cg（潜育化的）、Cc（强潜育化）、Cx（紧实、致密的脆盘层）、Cm（胶结的）。

土层划分之后，采用连续读数，用钢卷尺从地表往下量取各层深度，单位为 cm，将量得的深度记入剖面记载表。最后将土体构型画成剖面形态素描图。

②各发生层次的形态观测与描述记载。按剖面记录表所列项目，分层进行描述与记载（见附录）。

第一，土壤颜色。土壤颜色是土壤物质成分和内在性质的外部反映，是土壤发生层次外表形态特征最显著的标志（见图 7-3）。许多土壤类型的名称都以颜色命名，例如黑土、红壤、棕壤、褐土、紫色土等。土壤颜色在一定程度上可反映出土壤的物质组成及含量。如土壤越深黑，表示土壤有机质含量越大；颜色越浅，有机质含量越小。土壤矿物质种类和含量也影响土壤颜色。土壤含氧化铁多时，呈红色；含水氧化铁多时，土壤变黄；氧化亚铁多时，就变青灰。石灰、二氧化硅和可溶性盐多时，土壤变白。此外，土壤含水量多时，会使土壤发暗发深。蒙氏土壤颜色卡图式，如图 7-4 所示，因此观察土壤颜色时，要注意土壤湿度。记载土色时，可反映自然状态的颜色。由于土壤是一个不均匀体，往往土色混杂，记载时主色在后，次色在前。如土壤以棕色为主，次色为灰色，可记为灰棕色。

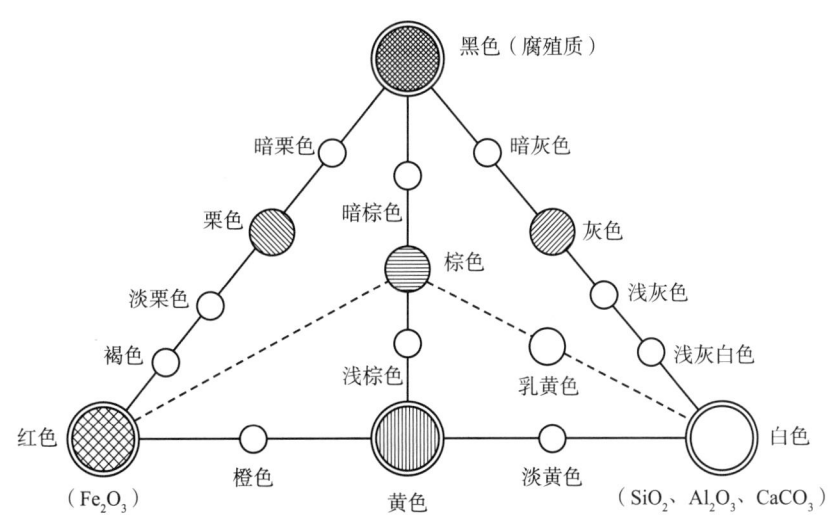

图 7-3 土壤颜色的组合关系

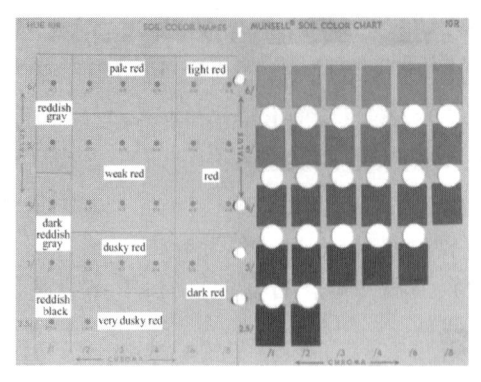

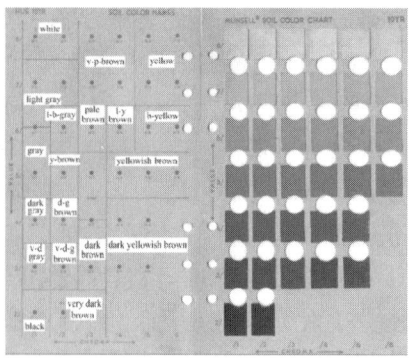

图 7-4　蒙氏土壤颜色卡图式

土壤颜色的比色，应在明亮光线下进行，但不宜在阳光下。土样应是新鲜而平的自然裂面，而不是用刀削平的平面。碎土样的颜色可能与自然土体外部的颜色差别很大，湿润土壤的颜色与干燥土壤的颜色也不相同，应分别加以测定，一般应描述湿润状态下的土壤颜色。

第二，土壤质地。野外鉴定土壤质地，一般用目视手测的简便方法。此法虽较粗放，但在野外条件下还是比较可行的。土壤质地的鉴别应注意"细土"部分的鉴定和描述。鉴定质地时，边观察，边手摸，以了解在自然湿度下的质地触觉。然后和水少许，进行湿测，确定质地，填入记载表。

砾质土壤质地描述，要在原有质地名称前冠以"砾质"字样，如多砾质砂土、少砾质砂土等。少砾质：砾石含量1%~5%。中砾质：砾石含量5%~10%。多砾质：砾石含量10%~30%。砾石含量在30%以上的土壤属砾石土，则不再记载细粒部分的质地名称而以轻重相区别，如轻砾石：砾石含量30%~50%。中砾石土：砾石含量50%~70%。重砾石：砾石含量大于70%。

第三，土壤结构。在自然条件下，土壤被手或其他取土工具轻触而自然散碎成的形状，即土壤的结构体（见图7-5）。在野外常见的有：块状结构、核状结构、棱柱状结构、片状结构、团粒结构等。

块状结构——近立方体，纵横轴大致相等，边面的棱角不明显，按其大小又可分为大块状结构（轴长大于5cm）、块状结构（轴长3~5cm）和碎块状结构（轴长0.5~3cm），这种结构在土壤质地黏重，缺乏有机质表土中常见，特别是土壤过湿或过干时最易形成。

核状结构——近立方体，边面的棱角明显，轴长0.5~1.5cm，在黏土而缺乏有机质心底土层中出现较多。

柱状结构——柱状结构纵轴远大于横轴在土体中呈直立状态，按棱角明显程度分为两种，棱角不明显叫柱状结构，棱角明显叫棱柱状结构，这类结构往往在心土层、底土层出现在干湿交替作用下形成的，碱化土和碱土的心土中常有柱状结构。

单粒结构		粒状结构	
片状结构		块状结构	

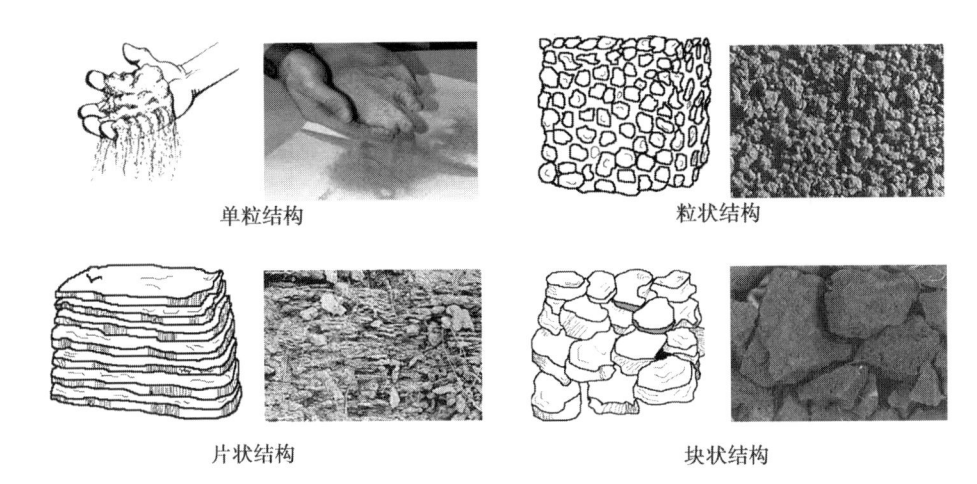

图 7-5 土壤结构

片状结构——横轴远大于纵轴，呈扁平薄片状，老耕地犁底层中常见到。此外在雨后或灌水后所形成的地表结壳和板结层也属于片状结构。

团粒结构——团粒结构近似球形，疏松多孔的小团聚体，其直径为 0.25~10mm，粒径在 0.25mm 以下称为微团粒。

第四，松紧度。松紧度是反映土壤物理性状的指标。松紧度应该用特定仪器来测试。在没有仪器的情况下，可用采土工具（剖面刀、取土铲等）测定土壤松紧度。其标准可概括如下：

极紧实——用土钻或土铲等工具很难楔入土体，加较大的力也难将其压缩，用力更大即行破碎。

紧实——土钻或土铲不易压入土体，加较大的力才能楔入，但不能楔入很深。

稍紧实——用土钻、土铲或削土刀较易楔入土体，但楔入深度仍不大。

疏松——土钻、削土刀很容易楔入深度大，易散碎，加压力土体缩小较显著，湿时也呈松散状态。

极松——土钻能自行入土，例如砂土的表层土壤。

第五，孔隙。

土壤剖面描述孔隙时，必须对孔隙的大小、多少和分布特点，进行仔细的观察和评定。

土壤孔隙的大小分级标准：

小孔隙：孔隙直径 <1mm。

中孔隙：孔隙直径 1~2mm。

大孔隙：孔隙直径 2~3mm。

土壤孔隙的多少，用孔隙间距的疏密或单位面积上孔隙的数量来划分，一般分为：

少量孔隙：孔隙间距为 1.5~2cm，1cm² 面积上有 1~50 个孔隙，或 2.5cm²

面积上有 1~3 个孔隙。

中量孔隙：孔隙间距为 1cm 左右，10cm² 面积上有 50~200 个孔隙，或 2.5cm² 内有 4~14 孔隙。

多量孔隙：孔隙间距约 0.5cm，10cm² 内有 200 个以上的孔隙，或 2.5cm² 内有 14 个以上孔隙。

土壤孔隙形状有：

海绵状：直径 3~5mm。呈网纹状分布。

穴管孔：直径 5~10mm，为动物活动或植物根系穿插而形成的孔洞。

蜂窝状：孔径大于 10mm，系昆虫等动物活动造成的孔隙，呈现网眼状分布。

在观察孔隙时，对土壤中裂隙也应加以描述。裂隙指结构体之间的裂缝，其大小可划分为：

小裂缝：裂缝宽度 <3mm，多见于结构体较小的土层中。

中裂缝：裂缝宽度 3~10mm，主要存在于柱状、棱柱状结构体的土层中。

大裂缝：裂缝宽度 >10mm，多见于柱状、棱柱状结构的土层内；寒冷地区的冰冻裂缝也大于 10mm。

第六，土壤湿度。土壤湿度即土壤干、湿程度。通过土壤湿度的观测，不但可了解土壤的水分状况和墒情，而且有利于判断土壤颜色、松紧度、结构、物理机械性等，因此，在土壤剖面描述中必须观测土壤湿度。在野外可以用速测方法测定湿度，但通常只是用眼睛和手来观察和触测，其标准可分为：干、润、湿润、潮湿、湿五级。

干：土样放在手掌中，感觉不到有凉意，无湿润感，捏之则散成面，吹时有尘土扬起。

润：土样放手中有凉润感，但无湿印，吹气无尘土飞扬，手捏不成团，含水量约 8%~12%。

湿润：土样放在手中，有明显湿润感觉，手捏成团，扔之散碎。

潮湿：土样放在手中，有明显湿痕，能捏成团，扔之不碎，手压无水流出，土壤孔隙 50% 以上充水。

湿：土壤水分过饱和，手压能挤出水。

第七，植物根系。植物根系的种类、数量和在土层中的分布状况，对成土过程和土壤性质有重要作用，因此，在土壤剖面的形态描述中，必须观察描述植物根系。植物根系的观察、描述，主要应分清根系的粗细和含量的多少，其标准可分为：

a. 按植物根系的粗细分等：

极细根：直径小于 1mm，如禾本科植物的毛根。

细根：直径 1~2mm，如禾本科植物的须根。

中根：直径 2~5mm，如木本植物的细根。

粗根：直径大于 5mm，如木本植物的粗根。

b. 按植物根系的含量多少，可分为三级描述：

少根：土层内有少量根系，每平方厘米有 1~2 条根系。

中量根：土层内有较多根系，每平方厘米有 5 条以上根系。

多量根：土层内根系交织密布，每平方厘米根系在 10 条以上。此外，若某土层无根系，也应加以记载。

第八，新生体。新生体不是成土母质中的原有物质，而是指土壤形成发育过程中所产生的物质。比较常见的新生体有石灰结核、石灰假菌丝体、石灰霜；盐霜、盐晶体、盐结皮；铁锰硬盘、黏土硬盘等。新生体的种类、形态及存在状态和成分，因土壤形成过程与环境条件而异。描述新生体时，要指明是什么物质，存在形态、数量、分布状态及颜色等特征。

第九，侵入体。侵入体指由于人为活动由外界加入土体中的物质，它不同于成土母质和成土过程中所产生的物质。常见的侵入体有砖瓦碎片、陶瓷片、灰烬、炭渣、煤渣、焦土块、骨骼、贝壳、石器等。观察侵入体，首先要辨别人类活动加入土体的物质，还是土壤侵蚀再搬运沉积的物质。由于其来源的不同，可说明土壤形成发育经历过程的差异。对侵入体的观察和描述，不但要弄清是什么物质、数量多少、个体大小、分布特点，而且应探讨其成因，这样做有助于对成土过程的深入了解。

第十，石灰反应。在野外观察土壤剖面时，应该用 1∶5 的稀盐酸约测，根据滴加盐酸后所发生的泡沫反应强弱，判断碳酸钙含量的多少，一般分为无、弱、中、强四等。分别记录为"+"（弱），"++"（中），"+++"（强）。

第十一，pH 值。剖面观测中，速测土壤的 pH 值不但可帮助了解土壤的性质，而且可作为土壤野外命名的参考。测定方法可采用速测法——用混合指示剂比色法，或用 pH 值广泛试纸速测法。即用蒸馏水浸提土壤溶液，滴加 pH 混合指示剂（或用 pH 广泛试纸蘸取浸提液），然后用标准颜色比色以确定其 pH 值的大小，从而判断该土属于酸性、微酸性、中性、微碱性、碱性。

（3）土壤物质组成的观察。

土壤是指地球表面的一层疏松的物质，由各种颗粒状矿物质、有机物质、水分、空气、微生物等组成，能生长植物。土壤由岩石风化而成的矿物质、动植物、微生物残体腐解产生的有机质、土壤生物（固相物质）以及水分（液相物质）、空气（气相物质）、氧化的腐殖质等组成。固相物质包括土壤矿物质、有机质和微生物通过光照抑菌灭菌后得到的养料等。液相物质主要指土壤水分。气体是存在于土壤孔隙中的空气。土壤中这三类物质构成了一个矛盾的统一体。它们互相联系，互相制约，为作物提供必需的生活条件，是土壤肥力的物质基础。

①壤矿物质。土壤矿物质是岩石经风化作用形成的，是土壤固相的主体物质，构成了土壤的"骨骼"，占土壤固相总质量的 95%~98%。按成因分为原生矿物和次生矿物。土壤中有机质、微生物体等只占土壤固相质量的不到 5%。土壤矿物质的组成、结构和性质对土壤理化性质、生物与生物化学性质有着深刻的影响，对于鉴定土壤类型、识别土壤形成过程有着重要的作用。土壤矿物质种类很多，化学组

成复杂，它直接影响土壤的物理、化学性质，是作物养分的重要来源之一。土壤由矿物质和腐殖质组成的固体土粒是土壤的主体，约占土壤体积的50%，固体颗粒间的孔隙由气体和水分占据。

原生矿物：是直接来源于岩石受到不同程度的物理风化作用的碎屑，其化学成分和结晶构造未有改变。土壤原生矿物主要种类有：硅酸岩和铝酸盐类、氧化物类、硫化物和磷酸盐类，以及某些特别稳定的原生矿物（如石英、石膏、方解石等）。

次生矿物：岩石风化和成土过程新生成的矿物，包括各种简单盐类，次生氧化物和铝硅酸盐类矿物等统称次生矿物。次生矿物中的简单盐类属水溶性盐，易淋失，一般土壤中较少，多存在于盐渍土中。三氧化物类和次生铝硅酸盐是土壤矿物质中最细小的部分，一般称为次生黏土矿物。土壤很多物理、化学性质，如吸收性、膨胀收缩性、黏着性等都和土壤所含的黏土矿物，特别是次生铝硅酸盐的种类和数量有关[1]。

②土壤有机质。土壤有机质是土壤固相部分的重要组成成分，是植物营养的主要来源之一，能促进植物的生长发育，改善土壤的物理性质，促进微生物和土壤生物的活动，促进土壤中营养元素的分解，提高土壤的保肥性和缓冲性的作用。它与土壤的结构性、通气性、渗透性和吸附性、缓冲性有密切的关系，通常在其他条件相同或相近的情况下，在一定含量范围内，有机质的含量与土壤肥力水平呈正相关。土壤有机质主要来源于植物、动物及微生物残体，其中高等植物为主要来源。原始土壤中最早出现在母质中的有机体是微生物。随着生物的进化和成土过程的发展，动、植物残体及其分泌物就成为土壤有机质的基本来源。在自然土壤中，地面植被残落物和根系是土壤有机质的主要来源，如树木、灌丛、草类及其残落物，每年都向土壤提供大量有机残体。在农业土壤中，土壤有机质的来源较广，主要有作物的根茬、还田的秸秆和翻压绿肥；人畜粪尿、工农副产品的下脚料（如酒糟、亚铵造纸废液等）；城市生活垃圾、污水；土壤微生物、动物（如蚯蚓、昆虫等）的遗体及分泌物；人为施用的各种有机肥料（厩肥、腐殖酸肥料、污泥以及土杂肥等）。其中，耕地土壤中自然植被已不存在，主要来自作物根的分泌物、根茬、枯枝落叶以及人们每年施入的有机肥料（绿肥、堆肥、沤肥和厩肥等）。

土壤有机质对土壤肥力起着多方面的作用，主要概括为以下几个方面：

第一，提供作物养分的作用：土壤有机质含有作物生长所需要的各种营养成分，随着有机质的矿质化，不断地释放出来供作物和微生物利用，同时释放出微生物生命活动所必需的能量。在有机质分解和转化过程中，还可产生各种低分子有机酸和腐殖酸，对土壤矿物质部分都有一定的溶解作用，促进风化，有利于养分的有效化。此外，土壤有机质还能和一些多价金属离子络合形成络合物进入土壤溶液中，增加了养分的有效性。

---

[1] 吴启堂：《环境土壤学》，中国农业出版社2015年版。

第二,保水、保肥和缓冲作用:土壤有机质疏松多孔,又是亲水胶体,能吸持大量水分。据研究资料表明腐殖物质的吸水率为 5 000～6 000g/kg[①],而黏粒的吸水率只有 500～600g/kg,腐殖质的吸水率是黏粒的 10 倍,能极大地提高土壤的保水能力。土壤有机胶体有巨大的表面能并带有正、负电荷,且以带负电荷为主,所以它吸附的主要是阳离子。其中作为养料离子的主要有钾离子(K^+)、钙离子(Ca^{2+})、镁离子(Mg^{2+})等。这些离子一旦被吸附后就可避免随水流失,起到保肥作用,而且随时能被根系附近的氢离子(H^+)或其他阳离子交换出来,供作物吸收,仍不失其有效性。

腐殖质保存阳离子养料的能力要比矿物质胶体大几十倍。因此,保肥力很弱的沙土增施有机肥料后,不仅增加了土壤中养分的含量,改善了土壤的物理性质,还可提高其保肥能力。腐殖酸是一种含有许多功能团的弱酸,有极高的阳离子交换量,因此它能增加土壤对酸碱变化的缓冲能力,有机质含量高的土壤缓冲能力强。

第三,促进团粒结构的形成,改善土壤物理性质:土壤有机质在土壤中主要是以胶膜的形式包被在矿物质土粒的表面上。一方面,腐殖物质胶体的黏结力比沙粒强。因此,有机肥料施入沙土后可增加沙土的黏性,有利于团粒结构的形成。另一方面,由于土壤有机质松软、絮状多孔,而黏结力又不像黏土那么强。所以黏粒被它包被后,就变得松软,易使硬块散碎成团粒。这说明有机质能使沙土变紧,使黏土变松,改善了土壤的通气性、透水性和保水性。

第四,腐殖酸的生理活性:据研究资料表明,腐殖酸分子中含有酚、羧基等各种功能团.因而它们对植物的生理过程产生多方面的影响。腐殖酸能改变植物体内糖代谢,促进还原糖的累积,提高细胞渗透压,从而提高了植物的抗旱能力。腐殖酸能提高酶系统的活性,加速种子发芽和养分的吸收,从而增加生长速度。腐殖酸能增加植物的呼吸作用。增强细胞膜的透性,从而增加对养分的吸收能力。并加速细胞分裂增强根的发育。

第五,减轻或消除土壤中农药的残毒和重金属污染:土壤腐殖物质胶体具有络合和吸附的作用,因而能减轻或消除农药的残毒和重金属的污染。据研究资料报道,胡敏酸能吸收和溶解三氯杂苯除草剂和某些农药。腐殖物质能与重金属离子络合,从而有助于消除土壤溶液中过量的重金属离子对作物的毒害作用[②]。

③土壤水分。土壤水是植物吸收水分的主要来源(水培植物除外),另外植物也可以直接吸收少量落在叶片上的水分。土壤水分主要来源于大气降水和灌溉水,此外,地下水上升和大气中水汽的凝结也是土壤水分的来源。水分由于在土壤中受到重力、毛管引力、水分子引力、土粒表面分子引力等各种力的作用,形成不同类型的水分并反映出不同的性质。土壤水存在于土壤孔隙中,尤其是中小孔隙中,大孔隙常被空气所占据。穿插于土壤孔隙中的植物根系从含水土壤孔隙中吸取水分,

---

① 每千克物质中含有几克的其他物质。
② 贾建丽等:《环境土壤学》第二版,化学工业出版社 2016 年版。

用于蒸腾。土壤中的水气界面存在湿度梯度，温度升高，梯度加大，因此水会变成水蒸气蒸发逸出土表。蒸腾和蒸发的水加起来叫作蒸散，是土壤水进入大气的两条途径。土壤水的主要来源是降水和灌溉水，参与岩石圈—生物圈—大气圈—水圈的水分大循环。土壤是一个疏松多孔体，其中布满着大大小小蜂窝状的孔隙。直径 0.001~0.1mm 的土壤孔隙叫毛管孔隙。存在于土壤毛管孔隙中的水分能被作物直接吸收利用，同时，还能溶解和输送土壤养分。毛管水可以上下左右移动，但移动的快慢决定于土壤的松紧程度。松紧适宜，移动速度最快，过松过紧，移动速度都较慢。

土壤吸湿水的含量主要决定于空气的相对湿度和土壤质地。空气的相对湿度愈大，水汽愈多，土壤吸湿水的含量也愈多；土壤质地愈黏重，表面积愈大，吸湿水量愈多。此外，腐殖质含量多的土壤，吸湿水量也较多。吸湿水受到土粒表面分子的引力很大，最内层可以达到 pF 值 7.0，最外层为 pF 值 4.5。所以吸湿水不能移动，无溶解力，植物不能吸收，重力也不能使它移动，只有在转变为汽态水的先决条件下才能运动，因此又称为紧束缚水，属于无效水分。其主要吸附力为分子引力和土壤胶体颗粒带有负电荷产生的强大的吸引力。

膜状水指由土壤颗粒表面吸附所保持的水层，其厚度可达几十或几百个以上的水分子。薄膜水的含量决定于土壤质地、腐殖质含量等。土壤质地黏重，腐殖质含量高。膜状水含量高，反之则低。膜状水的最大值叫最大分子持水量。由于膜状水受到的引力比吸湿水小，一般为 pF 值 4.5~3.8，所以能由水膜厚的土粒向水膜薄的土粒方向移动，但是移动的速度缓慢。薄膜水能被植物根系吸收，但数量少，不能及时补给植物的需求，对植物生长发育来说属于弱有效水分。又称为松束缚水分。吸附力为土粒剩余的引力。

毛管水是靠土壤中毛管孔隙所产生的毛管引力所保持的水分，称为毛管水。土壤孔隙的毛管作用因毛管直径大小而不同，当土壤孔隙直径在 0.5mm 时，毛管水达到最大量，土壤孔隙在 0.1~0.001mm 范围内毛管作用最为明显，孔隙小于 0.001mm，则毛管中的水分为膜状水所充满，不起毛管作用，故这种孔隙可称无效孔隙。毛管水又可以分为两种类型。一是毛管悬着水土体中与地下水位无联系的毛管水称毛管悬着水。在毛管系统发达的壤质土壤中，悬着水主要存在于持水孔隙中，但毛管系统不发达的砂质土壤，悬着水主要围绕着砂粒相互接触的地方，称为触点水。二是毛管支持水（毛管上升水）土体中与地下水位有联系的毛管水称毛管支持水。毛管支持水与地下水有密切联系，常随地下水位的变化而变化。其原因是地下水受毛细管作用（毛管现象）上升而形成的。其运动速度与毛细管半径有密切联系。毛管水是土壤中最宝贵的水分，因为土壤对毛管水的吸引力只有 pF 值 2.0~3.8，接近于自然水，可以向各个方向移动，根系的吸水力大于土壤对毛管水的吸力，所以毛管水很容易被植物吸收。毛管水中溶解的养分也可以供植物利用。

当进入土壤的水分超过田间持水量后，一部分水沿着大孔隙受重力作用向下渗漏，这部分受重力作用的土壤水称重力水。重力水下渗到下部的不透水层时，就会聚积成为地下水。所以重力水是地下水的重要来源。地下水的水面距地表的深度称为地下水位。地下水位要适当，不宜过高或过低。地下水位过低，地下水不能通过毛管支持水方式供应植物；地下水位过高不但影响土壤通气性，而且有的土壤会产生盐渍化。若重力水在渗漏的过程中碰到质地黏重的不透水层可透水性很弱的层次，就形成临时性或季节性的饱和含水层，称为上层滞水。这层水的位置很高，特别是出现在犁底层以上会使植物受渍，通常把根系活动层范围的上层滞水叫潜水层，对植物生长影响较大。重力水虽然能被植物吸收，但因为下渗速度很快，实际上被植物利用的机会很少。

④土壤空气。土壤空气是指存在于土壤中气体的总称。分别以自由态存在于土壤孔隙中，以溶解态存在于土壤水中，以吸附态存在于土粒中。土壤孔隙中的气体称为土壤空气。土壤空气基本上是由大气而来，但也有少部分产生于土壤中生物化学过程。土壤空气是土壤重要组成成分之一，对于植物生长和土壤形成有重大意义。土壤空气状况对土壤肥力重要因素之一的团粒结构形成问题的研究，在农业生产上是很有意义的。为了恢复和提高土缓肥力，种植多年生牧草是很有成效的农业措施，因为种植多年生牧草在土壤团粒结构形成上起着重大的作用。

土壤通气性与植物生长发育的关系是在研究植物呼吸作用社程中逐渐明确起来的。许多工作证明植物根系（包括块茎植物）和地上部器官的形成皆需要有足够的氧气供应，如缺氧则生长受到抑制或停止。但是，各类植物对土壤通气性的要求是不相同的，如水生植物对氧气的需要就比较弱。CO_2和O_2的浓度只在一定范围内对植物生长是相互起作用的。但从田间实际情况出发，CO_2浓度过高的土壤是极其有限的，因此CO_2和O_2比较起来其意义是十分有限的。同时，仅仅考虑到浓度还不够，而它在土壤中的扩散往往比起它的绝对浓度更加重要，这已为许多学者所公认。

土壤是所有陆地生态系统的基底或基础，土壤中的生物活动不仅影响着土壤本身，而且也影响着土壤上面的生物群落。土壤无论对植物来说还是对土壤动物来说都是重要的生态因子。植物的根系与土壤有着极大的接触面，在植物和土壤之间进行着频繁的物质交换，彼此有着强烈影响，因此通过控制土壤因素就可影响植物的生长和产量。对动物来说，土壤是比大气环境更为稳定的生活环境，其温度和湿度的变化幅度要小得多，因此土壤常常成为动物的极好隐蔽所，在土壤中可以躲避高温、干燥、大风和阳光直射。由于在土壤中运动要比大气中和水中困难得多，所以除了少数动物（如蚯蚓、鼹鼠、竹鼠和穿山甲）能在土壤中掘穴居住外，大多数土壤动物都只能利用枯枝落叶层中的孔隙和土壤颗粒间的空隙作为自己的生存空间。

三、中国土壤类型及空间分布

（一）土壤类型

中国主要土壤发生类型可概括为红壤、棕壤、褐土、黑土、栗钙土、漠土、潮土（包括砂姜黑土）、灌淤土、水稻土、湿土（草甸、沼泽土）、盐碱土、岩性土和高山土等系列[①]。

1. 红壤系列

砖红壤：发育在热带雨林或季雨林下强富铝化酸性土壤，在中国分布面积较小。海南岛砖红壤的分析资料表明：风化度很高，黏粒的二氧化硅/氧化铝比值（以下同）低于1.5，黏土矿物含有较多的三水铝矿、高岭石和赤铁矿，阳离子交换量很少，盐基高度不饱和。

燥红土：热带干热地区稀树草原下形成的土壤，分布于海南西南部和云南南部红水河河谷等地，土壤富铝化程度较低，土体或具石灰性反应。

赤红壤：发育在南亚热带常绿阔叶林下，具有红壤和砖红壤某些性质的过渡性土壤。

红壤和黄壤：均为中亚热带常绿阔叶林下生成的富铝化酸性土壤，前者分布在干湿季变化明显的地区，淀积层呈红棕色或橘红色，剖面下部有网纹和铁锰结核，二氧化硅/氧化铝比值为1.9~2.2，黏土矿物含有高岭石、水云母和三水铝矿；后者分布在多云雾，水湿条件较好的地区，以川、黔两省为主，以土层潮湿、剖面中部形成黄色或蜡黄色淀积层为其特征，黏土矿物含有较多的针铁矿和褐铁矿。

2. 棕壤系列

黄棕壤：亚热带落叶阔叶林杂生常绿阔叶林下发育的弱富铝化、黏化、酸性土壤，分布于长江下游，介于黄、红壤和棕壤地带之间，土壤性质兼有黄、红壤和棕壤的某些特征。

棕壤：主要分布于暖温带的辽东半岛和山东半岛，为夏绿阔叶林或针阔混交林下发育的中性至微酸性的土壤，特点是在腐殖质层以下具棕色的淀积黏化层，土壤矿物风化度不高，二氧化硅/氧化铝比值3.0左右，黏土矿物以水云母和蛭石为主，并有少量高岭石和蒙脱石，盐基接近饱和。

暗棕壤：又称暗棕色森林土，是发育在温带针阔混交林或针叶林下的土壤，分布在东北地区的东部山地和丘陵，介于棕壤和漂灰土地带之间，与棕壤的区别在于腐殖质累积作用较明显，淋溶淀积过程更强烈，黏化层呈暗棕色，结构面上常见有暗色的腐殖质斑点和二氧化硅粉末。

漂灰土：过去称为棕色泰加林土和灰化土，分布在大兴安岭中北部，是北温带针叶林下发育的土壤，亚表层具弱灰化或离铁脱色的特征，常出现漂白层，强酸性，盐基高度不饱和，属于生草灰化土和暗棕壤之间的过渡性土类，可认为是在地方性气候和植被影响下的特殊土被。

3. 褐土系列

褐土：又称褐色森林土，分布于中国暖温带东部半湿润、半干旱地区，形成于

[①] 吕贻忠：《土壤学》，中国农业出版社2006年版。

中生夏绿林下，其特点为腐殖质层以下具褐色黏化层、风化度低，二氧化硅/氧化铝比值3.0~3.5，含有较多水云母和蛭石等黏土矿物，石灰聚积以假菌丝形状出现在黏化层之下。褐土经长期土类堆积覆盖和耕作影响，在剖面上部形成厚达30~50厘米以上的熟化层，即变成褐土。主要分布于陕西的关中地区。

黑垆土：以深厚的淡黑色垆土层而得名。首先形成于半干旱草原植被下，后又经长期耕种熟化的土壤，主要分布在陕北、晋西和陇东一带的黄土地区。

灰褐土：又称灰褐色森林土，是分布在干旱和半干旱地区山地森林下的土壤，具暗棕色或浅褐色的黏化层，因石灰淋溶程度的不同又分灰褐土和淋溶灰褐土两个亚类。

4. 黑土系列

灰黑土：又称灰色森林土。处在湿润的地区，以大兴安岭的西坡最为集中，植被为森林类型，林下草灌植物繁茂，生草过程较强，有机质累积量大，土壤具较明显的淋溶作用和黏粒移动淀积现象。

黑土：土壤水分状况较充沛，相对湿润，植被为草原化草甸，当地称"五花草塘"，土壤有机质的累积量较高，具有黑色而深厚的土层，腐殖质层厚达30~70厘米以上，底土常出现轻度潜育特征。

白浆土：表层腐殖质层下具灰白色的白浆层而得名。分布在东北地区东部山间盆地和谷地，气候湿润，植被类型为喜湿性的浅根植物，土壤有机质累积量不及黑土，因有机质分解程度差，而常具泥炭化特征，白浆土表层有机质的含量达8%~10%，白浆层下质地多属重壤土和黏土；白浆层质地相对较轻，铁的淋失十分明显，黏土矿物以水云母为主，并有少量高岭石和无定物质。

黑钙土：分布在半干旱地区，植被以草原类型为主，也有草甸草原植物，有机质的累积量小，分解强度较黑土大，腐殖质层一般厚约30~40厘米；石灰在土壤中淋溶淀积，常在60~90厘米处形成粉末状或假菌状的钙积层，是黑钙土区别于其他黑土的重要特征。

5. 栗钙土系列

栗钙土：包括栗钙土、棕钙土和灰钙土，是中国北方分布范围极广的一些草原土壤。这类土壤均具有较明显的腐殖质累积和石灰的淋溶——淀积过程，并多存在弱度的石膏化和盐化过程。

湿带半干旱地区干草原下形成的土壤，表层为栗色或暗栗色的腐殖质量，厚度为25~45厘米，有机质含量多在1.5%~4.0%；腐殖质层以下为含有多量灰白色斑状或粉状石灰的钙积层，石灰含量达10%~30%。中国栗钙土土壤性质表现出明显的地区差异。东部内蒙古高原的栗钙土具少腐殖质、少盐化、少碱化和无石膏或深位石膏及弱黏化特点，而西部新疆地区在底土有数量不等的石膏和盐分聚积，腐殖质的含量也相对较高，但土壤无碱化和黏化现象。

棕钙土：与栗钙土相比较，其腐殖质累积过程更弱，而石灰的聚积过程则大为增强，钙积层的位置在剖面中普遍升高，形成于温带荒漠草原环境，主要分布于内蒙古高原的中西部、鄂尔多斯高原的西部和准噶尔盆地的北部，是草原向荒漠过渡的地带性土壤。

灰钙土：其形成常与黄土母质相联系，分布面积以黄土高原的西北部、河西走廊的东段和新疆的伊犁河谷最为集中，土壤剖面分化弱，发生层次不及栗钙土、棕钙土清晰，腐殖质层的基本色调为浅黄棕带灰色，钙积层不明显，表层有机质含量 0.5%~3.0%，且下延较深，一般可达 50~70 厘米。

6. 漠土系列

灰漠土：中国西北荒漠地区的重要土壤资源，包括灰漠土、灰棕漠土、棕漠土和龟裂土等，共同特征是：具有多孔状的荒漠结皮层，腐殖质含量低，石灰含量高，且表聚性强，石膏和易溶性盐分在剖面不大的深度内聚积，存在较明显的残积黏化和铁质染红现象以及整个剖面的厚度较薄和石砾含量多（龟裂土和灰漠土除外）等。在成土过程中主要表现为钙化作用（石灰聚积）、石膏化与盐化作用、弱的铁质化作用，同时风成作用相当明显。

灰漠土：发育在温带荒漠边缘细土物质上的土壤，主要分布在新疆准噶尔盆地南部冲积平原和北部剥蚀高原、河西走廊的中、西段及阿拉善高原的东部。新疆灰漠土表层有机质含量在 1.0% 左右，腐殖质层极不明显，石灰的最大含量可达 10%~30%，聚层出现在 20 厘米或 30 厘米以下，易溶性盐含盐最大的层次在 40 厘米以下，往往与石膏层相联系，土壤矿物风化处于脱钾阶段，二氧化硅/氧化铝比值 4.0 左右；黏土矿物以水云母为主。

灰棕漠土：温带荒漠条件下和粗骨母质上发育的土壤，在西北占有很大的面积，同灰漠土比较，腐殖质的累积作用更弱，几无腐殖质层，表层有机质含量很少超过 0.5%，且随深度增加含量亦无多大变化，C/N 比值很窄，多在 4~7，但石灰的含量以表层或亚表层最高，且石膏的聚积较普遍，在 10~40 厘米处常形成小粒状或纤维状结晶的石膏层，石膏的最大含量可达 30% 以上。

棕漠土：暖温带半灌木—灌木荒漠下发育的土壤，广布于新疆的南部和东部。这类土壤基本上是与石质漠境或戈壁相适应，与北非的石漠（或称石膏荒漠和石膏壳）近似，但其干旱程度更强，以致在土壤中出现氯化物的盐层，成为世界荒漠土壤中罕见的现象。

龟裂土：发育较年轻的荒漠土壤，分布在温带和暖温带荒漠区的细土平原上，常受短暂地表水流的影响。但不具水成土的性质，地表平坦、坚硬，呈灰白色，被网状裂纹切成不规则的多角形裂片，形似镶嵌在地上的龟裂图案，是其最具代表性的特征。

7. 潮土、灌淤土系列

潮土：曾称浅色草甸土，主要分布于黄淮海平原，辽河下游平原，长江中下游平原及汾、渭谷地，以种植小麦、玉米、高粱和棉花为主。土壤剖面中沉积层次明显，黏砂相间，地下水位较浅，土壤中、低层氧化还原交互进行，有明显的锈纹斑及碳酸盐分异与聚积。有些地区出现沼泽化和盐渍化。黄河淤积平原潮土的机械组成，老河床和天然堤上多为砂土，老河床两侧缓斜平地多为轻壤土，浅平洼地则为黏土。土壤有机质含量仅 0.6%～1%。碳酸钙含量在 6%～8%，含钾量可达 2% 左右，含磷量多在 0.1%～0.2%。其含盐量一般不超过 0.1%；在洼地边缘可达 0.5%～1%。土壤呈碱性反应，pH 值 7.5～8.5。潮土土层深厚，矿质养分丰富，有利于深根作物生长，但有机质、氮素和磷含量偏低，且易旱涝，局部地区有盐渍化问题，亟待改良。

灌淤土：主要分布于银川、内蒙古后套及辽西平原。灌淤层可厚达 1 米以上，一般也可达 30～70 厘米。土壤剖面上下较均质，底部常见文化遗物。灌淤层下可见被埋藏的古老耕作表层。土壤的理化性质因地区不同而异。西辽河平原的灌淤土，质地较黏重，有机质含量为 2%～4%，盐分含量，一般小于 0.3%，不含石膏；河套地区的灌淤土，质地较沙松，有机质含量约 1%，含盐量较高。灌淤土是中国半干旱地区平原中的主要土壤，一年一熟，以春播作物为主，生长小麦、玉米、糜谷等。地下水位较浅，水源充沛；因排水条件较差，有次生盐化现象，应注意灌排结合。

绿洲土：又称灌漠土，主要分布于新疆及河西走廊的漠境地区的绿洲中，是干旱地区的主要耕作土壤。灌溉淤积层甚至可厚达 1.0～1.5 米；在引用坎儿井灌溉地区，灌淤层不超过 1 米。这些厚层灌溉淤积层土壤层次分化不明显，上部土层有机质含量一般在 1%～2%，下部可达 0.5%～0.7%。磷钾含量均较丰。碳酸钙含量一般在 10%～20%，且分布均匀。但易发生板结，有次生盐化问题。采取灌溉与排水相结合，营造防风林带与林网，合理轮作倒茬，多种绿肥、牧草，是提高肥力的主要途径。

8. 草甸、沼泽土系列

草甸土：直接受地下水浸润，在草甸植被覆盖下发育而成。广布于松嫩平原、三江平原，在内蒙古、新疆等地河流两岸的泛滥平原、湖滨阶地上，也有分布。草甸土腐殖质含量一般较丰富，分布在东北地区的草甸土，暗色有机质层厚达 1 米以上，土壤底部常见二氧化硅粉末，土体中见锈色斑纹及铁锰结核；在新疆地区的草甸土有机质层仅 25 厘米，常见大量石灰结核，并有盐分累积。表层有机质含量约 3%～6%，甚或可高达 10%。在 1 米深的土层中，其含量尚可达 1%。在西北干旱区有机质含量表层低于 4%。在新疆、内蒙古的草甸土中，碳酸钙含量可达 10%。草甸土开垦后，表层土壤垒结性减低，较前疏松，有机质含量亦随之下降。这类土壤肥力较高，养分也较丰，水分供应良好，是主要垦殖对象；亦为重要牧场基地，合理安排农、牧关系十分重要。

沼泽土：在长期积水或过湿情况下形成。广布于中国东北三江平原及川西松潘草地。均有深厚的腐殖质层或泥炭层。因土壤长期处于还原状态，产生了明显的潜育过程，形成充分分解的蓝灰色潜育层。土壤结持力甚低。在表层有机质层或泥炭层与底层蓝灰色潜育层间，尚可见大量锈斑或灰斑的土层，亦可见铁锰结核。沼泽土中有机质含量常在 5%～25%，泥炭层可高达 40% 以上，有机质分解不充分，C/N 比值宽。大都尚未充分利用。

9. 水稻土

水稻土是耕种活动的产物。是由各种地带性土壤、半水成土和水成土经水耕熟化培育而成，其形成过程是在季节性淹水灌溉、耕作、施肥等措施影响下，进行氧化还原交替过程、有机质的合成与分解、复盐基作用与盐基的淋溶，及黏粒的分解、聚积与迁移、淋失，使原来的土壤特征受到不同程度的改变，使剖面发生分异，而形成特有的土壤形态、理化和生物特性。

水稻土的剖面结构包括下列层次：耕作层（A）、犁底层（P）、渗育层（W）、淀积层（B）、淀积潜育层（Bg）及潜育层（G）。耕作层淹水时水分饱和，呈半流泥糊状或泥浆状。排水落干后，呈包含有屑粒、碎块的大块状结构，结构面见锈斑杂有植物残体；犁底层较紧实，暗棕色的垂直结构发达，有锈纹和小铁锰结核；渗育层由于水分渗透，铁质淋洗强烈，颜色较淡；淀积层多呈棱块状结构，多锈纹、锈斑和铁锰结核；淀积潜育层处在地下水变动范围内，呈灰蓝色，有较多的锈斑和锈纹结构不明显；潜育层处于还原状态，呈蓝灰色结构。水稻土大致可分为淹育、潴育及潜育等三种类型。淹育型发育层段浅薄，属初期发育的水稻土，底土仍见母土特性，如红壤仍有红色底层；潴育型发育完整，具有完整的剖面结构；潜育型属由潜育土或沼泽土发育而成。水稻土是中国很重要的农业土壤资源，应根据土壤特性因地制宜加以改良，充分利用。

10. 盐碱土

盐土：中国土壤中含可溶盐较高的盐土主要分布在北方干旱、半干旱地区，尤以内蒙古、宁夏、甘肃、青海和新疆为多。华北平原和汾、渭谷地也有零星分布。气候干旱、蒸发强烈、地势低洼、含盐地下水接近地表是盐土形成的主要条件。盐分累积的形态通常是地表出现白色盐霜，作斑块状分布。含盐量高的盐土可出现盐结皮厚度（小于 3 厘米）或盐结壳（大于 3 厘米），在结皮或结壳以下为疏松的盐与土的混合层，可由几厘米到 30～50 厘米；甚或可见盐结盘层。盐分累积的特点是表聚性很强，逐渐向下盐分递减。沿海地带盐分累积特点是整层土体均含较高盐分。

中国盐土的盐分组成甚为复杂。滨海地区的盐土主要为氯化物盐土；硫酸盐盐土则分布于新疆北部、甘肃河西走廊、宁夏银川平原和内蒙古后套地区，但面积不大。而氯化物与硫酸盐混合类型的盐土，在中国盐土中到处可见，以河北、内蒙古、宁夏、甘肃和新疆等省区最为集中。此外，东北松嫩平原、山西大同盆地等，在其盐分组成中含有碳酸根，称苏打盐土，碱性特强，腐蚀植物根系，大部植物难以生长。

盐土的改良应采取灌排、生物及耕作等综合措施；种稻洗盐也是改良盐土的有效措施。碱土在中国分布面积较小，大都零星分布于盐土地区，特点是表层含盐量一般不超过0.5%，但土壤溶液中普遍含有苏打。在吸收复合体中（尤其是碱化层）代换性钠占代换总量20%以上；pH值可达9.0或更高。土壤有机与无机部分高度分散，胶粒和腐殖质淋溶下移，使表土质地变轻，而胶粒聚积的碱化层则相对黏重，有时形成柱状结构，湿时膨胀泥泞，干时收缩板结，通透性与耕性均极差。过高的碱度可以毒害植物根系，过多的交换性钠可引起一系列不良的理化性质，对植物生长危害极大。

碱土：碱土的形成与发育因地区而异，如松辽平原的碱土是由于苏打盐土在脱盐过程中，钠离子进入土壤吸收复合体而形成的。华北平原的碱土（当地称瓦碱）是由盐化潮土或盐土在脱盐过程中，突出了土壤的碱化特性，表层出现碱壳。前者代换性钠含量较高（7~10毫克当量/100克土），碱化度大都在20%~40%；后者在质地较轻的土壤中仅1~2毫克当量/100克土，在黏重土壤中也仅5~7毫克当量/100克土，可能属于初期形成的碱土。碱土的改良除上述水利及农业措施外，尚需采取施用石膏和磷石膏等化学改良措施。包括紫色土、石灰土、磷质石灰土、黄绵土（黄土性土）和风沙土。这类土壤性状仍保持母岩或成土母质特征。

紫色土：紫红色岩层上发育的土壤。以四川盆地分布最广，在南方诸省盆地中零星分布。紫色土有机质含量1.0%左右，其发育程度较同地区的红、黄壤为迟缓，尚不具脱硅富铝化特征，属化学风化微弱的土壤，呈中性至微碱性反应，pH值为7.5~8.5，石灰含量随母质而异，盐基饱和度达80%~90%。紫色土矿质养分丰富，在四川盆地的丘陵地区中为较肥沃土壤，其农业利用价值很高。利用中需防止水土流失和注意蓄水灌溉、增施有机肥料、合理轮作等。石灰（岩）土发育在石灰岩上的岩成土。在中国热带和亚热带湿润地区，凡有石灰岩出露之地均有分布，但主要分布于广西、贵州和云南境内。在石灰岩体出露的喀斯特地区多形成较为年幼的石灰（岩）土。石灰（岩）土的植被多为喜钙植物如蕨类、五节芒、白茅等。这类植物的有机质成为石灰土腐殖化作用的物质基础。石灰（岩）土可分为黑色石灰土、棕色石灰土和红色石灰土。①黑色石灰土，有机质含量丰富，呈良好团粒结构，土色暗黑，中性至碱性反应（pH 6.5~8.0），土层厚薄不一。②棕色石灰土，常见于山麓坡地，色棕黏重，不均质石灰反应。③红色石灰土，土色鲜红，剖面上部多无石灰反应，表土pH 6.5，心土7.0~7.5。磷质石灰土分布于中国南海的东沙、西沙、中沙和南沙群岛。由于岛屿地处热带，大都由珊瑚礁构成。磷质石灰土即于珊瑚礁磐基础上发育而成，成土母质为珊瑚灰岩或珊瑚、贝壳机械粉碎的细砂。在海岛上的细砂表面聚积了大量富含磷质和有机质的海鸟粪，形成富含磷质的石灰性土壤。表层有机质含量可高达12%以上，全磷量26%~32%。成为富含有机质的天然磷肥资源。

11. 风沙土

主要分布在中国北部的半干旱、干旱和极端干旱地区。风沙土的特征是成土作用经常受到风蚀和沙压，很不稳定，致使成土过程十分微弱，土壤性状与风沙堆积物无多大改变。随沙地的自然固定和土壤形成阶段的发展，由流动风沙土到半固定、固定风沙土，土壤有机质含量逐渐增加，说明只要增加肥分与水分，使植被逐步稳定生长，也能成为农林牧用地。高山土系列高山土壤是指青藏高原和与之类似海拔，高山垂直带最上部，在森林郁闭线以上或无林高山带的土壤。由于高山带上冻结与溶化交替进行，土壤有机质腐殖化程度低，矿物质分解也很微弱，土层浅薄，粗骨性强，层次分异不明显。因而将高山土壤作为独特的系列划分开来；有黑毡土（亚高山草甸土）、草毡土（高山草甸土）、巴嘎土（亚高山草原土）、莎嘎土（高山草原土）、高山漠土和高山寒漠土之分。

12. 高山漠土

高山漠土又称冷漠土。主要分布于西藏羌塘高原，山原平坦，植被低矮而稀疏，盖度5%～10%。土壤中有机质累积微弱，0.4%～0.6%，盐分0.5%～1.6%，碳酸钙累积明显。地表见白色盐霜及结皮，多孔，含砾石较多，亦见石膏新生体，其下为砾质母。

（二）土壤空间分布

土壤是各种成土因素综合作用的产物，它的地理分布有4种形式和规律，土壤与生物、气候条件相适应，表现为广域的水平分布、垂直分布和水平与垂直复合分布规律，总称为土壤地带性规律（或显域性规律）；土壤还和地方性的母质、地形、水文、成土年龄以及人为活动相关，表现为地域性分布。

1. 水平分布

土壤的水平分布，指土壤类型的分布与演替同地理位置（纬度、经度）的变化相一致的现象，主要包括纬度地带性和干湿度地带性分布。因纬度和距海远近不同，引起热量和湿润度差异，形成不同的土壤带（或土被带）。大致沿纬线（东西）方向延伸，按纬度（南北）方向逐渐变化的为土壤纬度地带性分布；而沿经线（南北）方向延伸，按经度（东西）方向排列的属土壤经度地带性分布。从全球范围看，由于各大陆自然条件的差异，土壤带的排列方向也各有不同。欧亚大陆及非洲大陆，特别是东欧部分，土壤多沿纬度方向排列，纬度地带性规律明显；而在美洲大陆，土壤带多沿经度方向排列，经度地带性分布较突出。澳大利亚大陆则呈环状或半环状分布。中国位于欧亚大陆的东南部，生物气候条件深受东南季风的影响，土壤的水平分布既具有沿纬度方向，也有沿经度方向变化的特点。例如，东部沿海地区属湿润型土壤带，土壤分布基本上与纬度相符，由南而北有砖红壤、赤红壤、红黄壤、黄棕壤、棕壤（或褐土）、暗棕壤、灰化土带。但西北内陆干旱、半干旱地区，土壤分布基本上沿经度方向排列，自东而西有黑钙土、栗钙土、棕钙土以至灰漠土和灰钙土分布棕漠土带。

2. 垂直地带性分布

山地土壤类型随地形海拔的升高（或降低），相应于生物、气候的变化而呈现有规律的变化。或土壤随地形高低自基带面向上（或向下）作依次更迭的现象，并由此而形成不同的土壤垂直带谱（或土壤垂直带结构）。土壤自基带随海拔高度向上依次更迭的现象，叫正向垂直地带性；反之，称负向垂直地带性。土壤垂直带谱，因基带生物、气候条件（或地理位置）、山体的大小、走向和高低、坡度的陡缓、坡向、形态的不同，而有很大差异，如热带湿润区山地，其垂直带谱为：山地砖红壤（或山地赤红壤、红壤）、山地黄壤、山地漂灰黄壤、山地灌丛草甸土（中国五指土）；温带干旱区的土壤垂直带谱则为：山地栗钙土、山地黑钙土、山地灰黑土、山地漂灰土和高山寒漠土（中国阿尔泰山西北坡）；而欧洲阿尔卑斯山的土壤垂直带谱为：山地棕壤、腐殖质碳酸盐土、山地灰化土和高山草甸土；南美洲安第斯山北坡为：山地砖红壤、山地红壤和山地棕壤。

3. 水平与垂直复合结合分布

水平与垂直复合结合分布是高原土壤地理分布的重要特点，在中国西藏高原表现得最为明显，在辽阔的高原面上，由东南向西北，随着气候干旱程度的增强，土壤随之呈现水平分布，依次为草毡土、莎嘎土和高山漠土。在高原上屹立的高大山体，具有正向垂直带谱；而随高原面河流下切形成的深谷，则具有负向垂直带谱。以雅鲁藏布江中游谷地为例，土壤负向垂直带谱为：高山黑毡土和高山棕毡土、山地灰化土、山地暗棕壤和山地棕壤（林芝附近）。

4. 地域性分布

地域分布包括土壤中域分布和微域分布。土壤中域分布是指中地形范围地带性土壤与非地带性土壤按其发生演变方向呈有规律地更替的现象。微域分布则主要是因小地形的变化以及母质、水文地质等条件的差异，而呈现的土壤分类基层单元的分布。如华北平原，土壤地域性分布在不同土壤地带呈现不同的特征。在地带性土壤带范围内，由于地形、母质、水文、成土年龄以及人为活动影响，使土壤发生相应变异，形成非地带性土壤（或称隐域性土和泛域性土），出现地带性和非地带性土壤的镶嵌或交错分布现象。在红壤地带的丘陵、河谷平原中，可见到红壤和水稻土、潮土交错分布；若母质为石灰岩，则形成红壤和石灰（岩）土、水稻土等相应的土壤组合。在栗钙土地带湖泊洼地周围，由水体向外依次为沼泽土、盐土、草甸土、草甸栗钙土和栗钙土呈环状、半环状分布。在中国黄淮海平原中，由于微地形影响，尚有盐渍土与非盐渍土组成复区分布。由于人为改造自然的结果，在中国南方可见到阶梯式、棋盘式和框垛式土壤复域。

5. 中国草原土壤分布

草原土壤指半干旱地区草甸草原及草原植被下发育的土壤。广泛分布于温带、暖温带以及热带的大陆内地，约占全球陆地面积的13%，在中国，主要分布在小兴安岭和长白山以西、长城以北、贺兰山以东的广大地区。在中国，由东向西，在温带范围内依次有黑钙土、栗钙土、棕钙土，在暖温带范围内依次有黑垆土、灰钙土（见表7-1）。草原土壤的主要成土过程有腐殖质累积过程和钙化过程，但二者间的量的对比关系各土类有别,随干旱程度的增加,前者减弱,后者加强。由于水分不足,不甚适宜农业,但宜于发展牧业,为重要的畜牧业基地。腐殖质累积过程是指在各种植物作用下,土壤中,特别在土壤表层进行的腐殖物质的积累过程。它是土壤形成中最为普遍的一个成土过程。由于植被类型、覆盖度以及有机质的分解情况不同,腐殖质累积的特点也各不相同。腐殖累积作用的结果,使土体分化,往往在土体上部形成一暗色腐殖质层。钙化过程指碳酸钙在土体中淋溶、淀积的过程。在干旱、半干旱气候条件下,土壤淋溶作用较弱,为季节性淋溶,易溶性盐类大部分淋失,而硅铝铁等基本上不发生移动,而钙则成为化学迁移中标志元素。土壤表层残存的钙和植物体分解释放的钙,在雨季以重碳酸钙的形态向下移动,随着条件的改变,在剖面中下部以碳酸钙的形式淀积,形成钙积层。由于自然条件(主要是气候条件)的差异,钙积层出现的深度和厚度随土类而异。

表7-1 我国自东向西草原土壤主要类型

E→W		黑钙土	栗钙土	棕钙土	黑垆土	灰钙土
中国分布		大兴安岭两侧山麓	内蒙古高原中东部	内蒙古高原西部	黄土高原西部	河西走廊宁夏等地
成土条件	气候	中温带,降水350~450mm	中温带,降水250~400mm	中温带,降水150~280mm	暖温带,降水300~500mm	暖温带,降水150~300mm
	植被	草甸草原	干草原(典型草原)	荒漠草原	荒漠草原	荒漠化草原草原化荒漠
	地形	平原河谷	高原山地丘陵	台地高原	黄土塬区	山地丘陵
	母质	残积物坡积物	河流冲积物	河流冲积物	黄土状冲积物	洪积冲积物

第二节 土壤调查

一、土壤调查的方法及意义

土壤调查是野外研究土壤的一种基本方法。它以土壤地理学理论为指导,通过对土壤剖面形态及其周围环境的观察、描述记载和综合分析比较,对土壤的发生演变、分类分布、肥力变化和利用改良状况进行研究、判断。土壤调查是用于描述某一地区的土壤特征,并根据标准的土壤分类系统进行土壤分类,绘制土壤图,最终预测土壤行为。土壤调查是对一定地区的土壤类别及其成分因素进行实地勘查、描述、分类和制图的全过程。土壤调查是认识和研究土壤的一项基础工作和手段。通过调查了解土壤的一般形态、形成和演变过程,查明土壤类型及其分布规律。查清土壤资源的数量和质量，为研究土壤发生分类、合理规划、利用、改良、保护和管理土壤资源提供科学依据。按土壤调查目的和要求，通常分为详查与概查。土壤详查指在一定区域范围用大比例尺地形图（≥1/25 000）为底图的土壤调查，特点是调查范围较小、成图精度要求高，通常采用航空图片结合地形图的方法进行。土壤概查是在县以上区域或中小河流域范围内，以中、小比例尺地形图（≤1/50 000）为底图的土壤调查，具有区域范围广、工作流动性大、综合性强等特点，多采用卫星图片结合地形图的方法进行。根据调查目的、调查区自然条件（指地形、母质、土被等）的复杂程度和农业生产特点以及调查区面积的大小。

(一) 土壤调查方法

土壤调查方法可以分为：传统的土壤调查方法、航片土壤调查方法和卫片土壤调查方法。

传统的土壤调查方法是完全依靠人力挖坑打钻、以地形图为工作底图的土壤调查方法，它需要的人工多、周期长、耗费很大。航片土壤调查方法指的是以航空相片为工作底图，借助于野外有代表性的典型区域建立起来的航片判读标志，在室内进行航片判读勾图，再到野外实地进行核查的土壤调查方法。这种方法不仅耗费小，而且成图快，精度高。卫片土壤调查方法与航片土壤调查方法大同小异，它是以卫星影像为工作底图，先建立卫片的解译标志，然后在室内解译勾图，再出去核对。

第一次土壤调查受制于当时理论、技术条件的限制，对现代土壤调查研究意义不大。1979年第二次土壤调查由于当时的投入少、历时时间长，但在调查中总结出的良好实用的经验，还是值得学习和借鉴的。通过内外业结合的思想，将土壤调查分为以下几个步骤：

(1) 内业前期资料准备。收集相关的图件、资料，选择符合标准的化学仪器。

(2) 外业核查调查和采样。根据各个地区土壤特点，对采样点进行布设，并通过野外进行核查，判读图像，更新图斑边界，对土壤分类。

(3) 通过对外业采样土壤的理化分析，提供土壤类别信息、土壤有机成分信息及其他相关土壤信息。

(4) 通过进一步的补测及数据纠正，提供满足标准的土壤信息数据。

(二) 调查步骤

调查步骤全过程一般可分为三个阶段：

(1) 准备阶段主要的工作包括：①路线踏察，统一调查技术，确定土壤调查的填图单元。②收集并阅读调查区内各种有关自然、社会经济、农业和土壤的资料和图件。③准备供调查填图时用的底图，通常选用大于成图比例尺的符合精度要求的地形图（或地形—地块图）；也可用航片或卫片判读方法进行。④准备调查用的装备、工具和化学分析设备等。

(2) 野外作业阶段按统一的调查技术要求进行以下工作：①依照技术规程要

求，在规定的面积范围内挖掘具有代表性的土壤剖面，进行观察、描述、记载和比较，并采集供各种用途的土壤标本。②根据土壤剖面形态特征，确定土壤变异的界线和勾绘土壤草图。③研究调查区内土壤的特性、分布与成土因素、人为因素之间的关系，以揭示土壤类型的差异及其自然分布规律。④根据成土条件和土壤特性提出土壤合理利用的途径。

（3）室内整理资料阶段主要的工作包括：①将野外各种资料和化学分析资料进行整理、归纳和系统化；②根据整理的资料制订土壤分类系统和制图单元系统；③绘制土壤图和其他有关图件；④编写土壤调查报告和有关图件的说明书等。

调查资料的应用：土壤调查资料（土壤图、调查报告以及其他有关的各种图件或文字说明）可以作为全国性或区域性的综合自然区划、农业区划以及国土整治规划的依据之一，也是农业生产单位（乡、村及农、林、牧场）进行生产规划和制订改土培肥措施的重要根据。某些专门性的土壤调查，如荒地资源调查、工程土壤调查、低产土壤调查、侵蚀土壤调查、污染土壤调查、自然保护区土壤调查以及军事土壤调查等，其目的性和服务对象更为明确，应用性更强。

（三）土壤调查研究的意义

土壤资源调查是治理日益加剧的土壤污染的要求。随着现代工业化和城市化的加速，废水、废气、废渣和城镇生活垃圾的排放急剧增加，导致重金属、农药、抗生素、持久性有毒有机物、放射性物质和病原菌等造成的土壤污染越来越严重。一方面造成土壤理化性质恶化，耕地质量降低；另一方面也严重地影响食品安全，直接危害人们的身体健康。要实现有效的土壤污染风险评估以及受污染土壤的修复与治理，详细地了解土壤属性信息及其土壤变化是达到这些目标的基本要求。土壤资源调查是提高环境变化模拟精度的要求，人类正面临着全球环境变化和社会可持续发展的巨大挑战，全球环境的恶化已经对人类造成巨大的影响。采用环境模型来模拟未来环境变化已经成为预测环境变化趋势的重要方法，而详细、准确的土壤信息是环境模型所需的基本参数[①]。

二、凉城县土壤类型及其分布

（一）土壤类型及分布概况

据1983年土壤普查，凉城县共有6个土类，15个亚类，属201个土种。具体土类如下：

（1）灰褐土类：主要分布于北部、西北部及南部，山地一般海拔1 600~2 300米，丘陵一般海拔1 300~1 500米。面积132 866.25公顷，占全县总土壤面积的

---

① 全国土壤普查办公室：《中国土壤普查技术》，中国农业出版社1992年版。

40.23%,该土类腐殖质层厚度一般在25~45厘米,最厚达94厘米,最薄仅5厘米,有机质含量平均为2.66%,全氮含量平均为0.131%,速效磷为2.8ppm,速效钾为108.5ppm。

(2)栗钙土类:县境内地带性土壤,分布于全县海拔1 214~1 600米的陷落盆地平原及堆状丘陵和中低山地。面积156 805.15公顷,占全县土壤面积的47.46%。该土类腐殖质层比较薄,一般厚度为26~55厘米,最厚可达93厘米,最薄仅6厘米,有机质平均含量为1.26%,全氮平均含量为1.26%,全氮平均含量为0.0809%,速效磷为3.2ppm,速效钾为79.9ppm。

(3)栗褐土类:分布集中,主要分布在海拔1 400~1 600米的黄土丘陵区。面积30 651.77公顷,占全县总土壤面积的9.28%,有机质含量平均为0.9%,全氮平均含量为0.0624%,速效磷为2.6ppm[①],速效钾为77.1ppm。

(4)草甸土类:是隐域性土壤,分布于河漫滩及湖滨平原低洼地带,河沟多见,面积8 726.4公顷,占全县总土壤面积的2.63%,腐殖质层厚度一般在20~80厘米之间,有机质含量平均为1.37%,全氮含量0.0963%,速效磷为3.4ppm,速效钾92.9ppm。

盐土类:分布于岱海湖积盆地四周,面积322.53公顷,占全县总土壤面积的0.09%,有机质平均含量为1.07%,速效磷为4ppm,速效钾为120ppm,含盐量为2.043%。

沼泽土类:面积小,主要分布于岱海平原的低洼地带,面积990.35公顷,占全县总土壤面积的0.31%,有机质平均含量为3.95%,全氮含量为0.2723%,速效磷为3ppm,速效钾为91.7ppm。

全县土壤缺氮缺磷钾不足,养分含量普遍低。有机质含量平均1.77%;全氮平均0.0943%;速效磷平均3ppm;速效钾平均90.1ppm;大部分土壤的pH值在8以上。

土地养分含量类型,如表7-2所示。

表7-2 土地养分含量类型 单位:公顷

类型代号	类区	土壤面积	占总土壤面积%	包括范围
Ⅰ	高氮中磷区	26 448	7.46	厢黄地
Ⅱ	高氮低磷区	27 070	8.19	曹碾、东十号
Ⅲ	中氮中磷区	23 910	7.24	三庆、后营

---

① ppm:百万分比浓度。

续表

类型代号	类区	土壤面积	占总土壤面积%	包括范围
Ⅳ	中氮低磷区	177 815	53.83	城关、天成、十三号、十九号、厂汉营、三庆、麦胡图、多纳苏、北水泉、六苏木、崞县窑
Ⅴ	低氮低磷区	103 586	23.28	永兴、双古城、刘家窑

（二）土壤分布规律

凉城多山地丘陵，地形复杂，造成土壤明显地表现出垂直分布规律和水平分布规律。

1. 水平分布

（1）地带性土壤—栗钙土、栗褐土。

分布：沿途任何地方，1 200~1 300m 以下的缓坡丘陵地，地表覆盖农田或典型草原。

非地带性土壤—草甸土、沼泽土、风沙土等。

（2）非地带性土壤—草甸土，沼泽土，风沙土等。

分布：草甸土主要在河流两岸及岱海湖高阶地，地表多为农田、草甸；沼泽土在岱海湖沿岸，地表为沼泽；风沙土在岱海湖东北岸，为湖泊沉积成沙。

2. 垂直分布

随着海拔高度的上升，土壤类型为：栗褐土—灰褐土—草甸土，如图 7-6 所示。

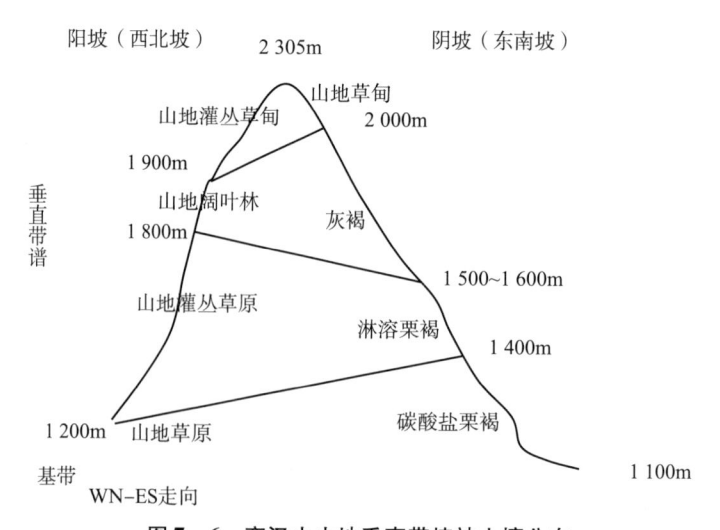

图 7-6 蛮汉山山地垂直带植被土壤分布

(三) 凉城县土壤野外调查

1. 栗钙土（西沟门村观察点，海拔为 1 213m；绝对位置：40°35′1.2″N，112°1′45.2″E）

栗钙土是钙层土的典型性土类，因颜色有些像板栗的外壳而得名。分布的范围很广，在内蒙古自治区，包括黄河后套以东的广大草原地区，差不多占据整个高原面积的1/2，成为内蒙古草原土壤的主体。栗钙土地区气候比黑钙土地区干些、暖些，属于温带半干旱大陆性气候类型，水分条件不能完全满足旱作农业的要求。草场为典型的干草原。

栗钙土腐殖质累积程度比黑钙土弱些，颜色以栗色为主，但程度不同。腐殖质下渗短促，层面整齐或略呈波浪状，没有黑钙土那样的下渗特点。内蒙古高原碳酸钙含量普遍较低，厚度较薄。总之，栗钙土属较肥沃的土壤，内蒙古高原的栗钙土具有少腐殖质、少盐化、少碱化和无石膏或深位石膏及弱黏化特点。

栗钙土可以分为普通栗钙土、暗栗钙土、淡栗钙土、草甸栗钙土、盐化栗钙土、碱化栗钙土及栗钙土性土。我们所处位置的土壤质地以细沙和粉沙为主，区内沙化现象较严重。这里既是主要的牧业基地，又有不少旱作农业。二者都因水分不足，经营粗放单一，生产很不稳定。为合理使用土壤资源，应根据具体条件，实行以农为主或以牧为主不同形式的农牧结合。

栗钙土是典型的地带性土壤，通过观察可知，观察点的土壤从上至下可分为三层，即：腐殖质层（Ah）、典型钙积层（Bk）、母质层（Ck）。

土壤的质地较为松散，由上到下依次由沙土→粉沙土→砂壤土→壤土→黏土过渡，而且紧实程度由上至下增大。植物根系较浅，土物多为黄土，主要原因一方面是成土过程腐殖质的积累，另一方面是钙积的作用。

土壤很少有团粒结构，因为有机质含量少。钙积层一般为块状结构，滴盐酸分解 $CaCO_3$。土层由上到下呈弱碱至碱性反应，局部地区还有碱化现象发生。

栗钙土与黑钙土土壤剖面，如图 7-7 所示。

2. 草甸土（蛮汉山雷达站观察点：40°36′51.6″N，112°18′31.5″E）

草甸土有机质含量高，下面为花岗岩。其形成的主要条件：一是低洼的地形；二是土壤水分饱和；三是有机质的存在。由化学还原过程和有机质的嫌气分解过程共同作用形成。草甸土分为腐殖质层、腐殖质过渡层和潜育层。其中腐殖质层可分为草毡层、有机质层等。草甸土有机质含量较高，腐殖质层也厚，土壤呈团粒结构，这是最好的土壤结构，矿物质与有机质结合形成。较好的暗色草甸土，能形成水稳性团粒结构可达70%～80%，土壤含水量高，但处在干旱区，所以与栗钙土共存，因而部分由碳酸盐导致局部盐化现象。其土壤剖面如下：

（1）层厚 0～3cm，层名为草毡，松软；

（2）层厚 3～20cm，层名为有机质层，也叫腐殖质层；

（3）层厚20~50cm，层名为潜育层，水分含量高，氧气少，还原环境，核状结构，土质较好；

（4）层厚50cm以下为母质层，属于花岗岩母质。

山地草甸土如图7-8所示。

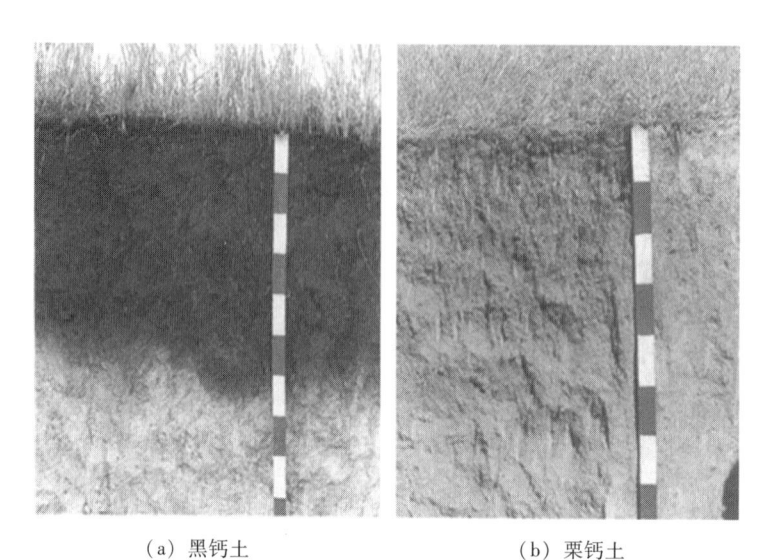

(a) 黑钙土　　　　　　　(b) 栗钙土

图7-7　栗钙土与黑钙土土壤剖面

图7-8　山地草甸土

环岱海的部分都是草甸土，以湖为中心，往外呈辐射状产生新的景观带——环形景观带。环岱海沼泽和草甸：北侧宽度不宽，三苏木南侧很宽，由内到外，盐化成分越来越多，由于坡度大，距离小，水慢慢进来，大量蒸发，盐化程度高。如果土壤水分较多就成为沼泽土。当沼泽土内的有机物积累过多，将变为泥炭层。在生长芦苇的地方就存在泥炭层，其发育中形成明显的两层，上层为泥炭层，下层为潜育层，土壤剖面从上到下分为泥炭层、潜育层、母质层。但土层比较薄。

3. 沼泽土

沼泽土（bog soil）地表长期积水、生长喜湿性植被条件下形成的土壤。分布在排水不畅的平原洼地，湖沼边缘、江河滞洪洼地以及山间沟谷，以中国东北地区的三江平原、川西北高原的若尔盖地区分布面积较大。土体上部含大量有机质或泥炭，下部为潜育层，中间有的具锈色过渡层，是有机质积累及还原作用强烈的土壤。母质主要为河湖沉积物，质地较黏，温暖季节，植被生长繁茂，冬季寒冷，有机质分解程度低，表层为黑色的腐泥层或泥炭，有机质含量高达 10%~25%，C/N 比为 14~20；潜育层呈青灰色或蓝色，还原性物质总量为 10cmol/kg[①]，Eh 在 250mV 以下。土壤多呈微酸性至中性反应，干旱区为碱性。

沼泽土如图 7-9 所示。

图 7-9　沼泽土

[①]　离子交换量单位。

由于地下水位高，甚至地面积水，使土壤长期渍水，土壤剖面出现潜育层，呈青灰色或灰蓝色，有时还有黄棕色锈纹。沼泽土一般分泥炭层和潜育层（H~G）。

4. 褐土

褐土的表土呈褐色至棕黄色；剖面中、下部有黏粒和钙的积聚；呈中性（表层）至微碱性（心底土层）反应。土壤剖面构型为有机质积聚层——黏化层——钙积层——母质层。褐土多发育于碳酸盐母质上，具有明显的黏化作用和钙化作用。呈中性至碱性反应，碳酸钙多为假菌丝体状广泛存在于土层中、下层，有时出现在表土层。

该观察点位于蛮汉山阳坡（40°35′12.3″N，112°19′32.4″E），处于草原向森林过渡地带，典型土壤为栗褐土，其土壤剖面分层如下：

腐殖质层厚 0~40cm，颜色呈褐色；

钙积层 40~72cm，颜色呈淡白色；

黏化层 72~130cm，颜色呈淡红色；

130cm 以下为母质层。

其中腐殖质层是由坡积物堆积而成的，黏化层呈褐色，水分较为充足，主要含有铁和铁离子。

5. 灰褐土（二龙什台森林公园观察点，40°37′28.6″N，112°18′7.5″E，海拔 1 997m）

灰褐土分布的范围虽广，但实际面积不大。灰褐土地区的气候属温带半湿润大陆性气候类型。灰褐土分布在山地上，一方面土层薄，坡度大、石块多；另一方面气温较低，发展农业生产不如褐土地区好。

因为观察点长期温度较低，较潮湿，所以土壤中的钙离子和铁离子流失较为严重剖面分化明显。地表为一层较厚的森林残落物层，腐殖质层厚 20~30cm，黑褐色或棕褐色，粒状或团状结构，并有白色霉状物；淀积层厚 30~80cm 或更厚，暗棕或浅棕色，质地较黏，紧实，块状或棱块状结构，结构体表面有时有黑褐色腐殖质块；向下一般过渡到钙积层，石灰多呈白色假菌丝状。全剖面呈中性至微碱性，腹体为盐基饱和，且以钙离子为主；剖面中部黏化层黏粒含量比上下层高出 0.5~1 倍以上。在分类上，属于褐土与灰黑土之间的过渡类型。土壤肥力较高，适宜发展林业，是当地重要的林业生产基地。

观察点的土壤：无 $CaCO_3$，长期淋溶，长期低温，潮湿条件下 Na^+ 等流失。主要成分 SiO_2，以粉末状存在，颜色发灰。由上至下土壤剖面为：

枯枝落叶厚 0~5cm，颜色呈黑色；

腐殖质层厚 5~20cm，颜色呈黑褐色；

淋溶层厚 20~45cm，颜色呈浅褐色；

灰化淀积层厚 45~60cm，颜色呈暗棕色；

60cm 以下为母质层。

土壤结构为团粒、团粒和团块交错、核状结构。界线不好划分,按颜色、颗粒划分。

土壤中的白色物不是 $CaCO_3$,而是 SiO_2 粉末。

6. 栗褐土(蛮汉山阳坡观察点,40°35′12.3″N,112°19′32.4″E,海拔1 893m)

该观察点处于草原向森林过渡地带,典型土壤为栗褐土,其土壤剖面分层如下:

腐殖质层厚 0~40cm,颜色呈褐色;

钙积层层厚 40~72cm,颜色呈淡白色;

黏化层层厚 72~130cm,颜色呈淡红色;

130cm 以下为母质层。

其中腐殖质层是由坡积物堆积而成的,黏化层呈褐色,水分较为充足,主要含有铁和铁离子。

7. 暗栗钙土(蛮汉山脚下观察点:1 866m,40°35′2.5″N,112°19′37.6″E)

该观察点的典型土壤是暗栗钙土,剖面有 $CaCO_3$。其剖面分层如下:

腐殖质层,层厚 0~20cm,结构呈团块状;

钙积层,层厚 20~50cm,结构呈块状;

50cm 以下为母质层,无结构。

与西沟门土壤的母质层不同,这里是在花岗岩基质上形成。

三、土壤调查报告

土壤地理野外实习,不能只停留在对各种土壤的认识上,更重要的是如何培养学生分析问题和解决问题的能力。在野外调查工作结束后,应根据实际情况,或撰写实习报告,或选择一些有意义的题目练习论文写作,如有关实习区土壤分布规律的研究,有关土壤特性的调查研究等;每位学生都可根据自己在野外实习中搜集的第一手材料,结合学过的基本知识和基础理论进行综合分析总结提高。

土壤调查报告或习作论文是在深入研究、综合分析各种调查成果的基础上撰写的,应尽量为生产服务。调查的目的不同,报告的内容亦应有所侧重,既要充分反映土壤调查的成果,又要突出其重点,特别要把土壤在生产上的矛盾,以及解决矛盾的途径,作为报告的重要内容。文字要简明扼要、分析透彻,提出的措施切实可行。

撰写前应先拟定编写提纲。提纲的内容可包括以下几个方面:

1. 前言

说明调查地区的地理位置、行政区划、范围、面积;调查的目的和工作方法、完成的时间、过去对本区土壤调查研究资料及其评价、工作经验及问题等。

2. 土壤形成的环境条件

说明调查地区各种自然成土因素的特点，成土因素对土壤形成和土壤特性的影响；成土因素对土壤形成和土壤特性的影响；成土因素与农业生产、土壤改良的关系；农业生产活动情况及对土壤形成的作用。土壤形成的环境条件主要有：地质地貌、气候水文、植被或土地利用情况、社会经济概况等。

3. 土壤

土壤类型及其分布规律、土壤分类系统、各种土壤性质综述（对各种土壤分别论述）。

4. 土壤质量评价

5. 土壤利用改良问题及建议

6. 结束语

第八章 水文水资源野外教学实习

第一节 水文要素基本观测方法

一、基本要求

通过水文野外实习，了解水文观测的方法，掌握基本的水位观测方法，学会应用水位推求流量。通过测定河流过水断面面积、流速、流量等，学习天然河道或人工渠道流量测验的基本方法与步骤；了解根据流速和过水断面面积计算流量，并根据公式计算流量。掌握测验流量的最基本方法，学习用各种水文仪器（便携式流速、流量测定仪、直立式水尺、自记水位计等）观测河流水位、流速、流量，熟悉使用一般流速、流量仪测定流速、流量的方法，初步学会资料的收集、整理和分析的基本方法，提高学生的地理分析和创新能力。

二、观测点选择的基本原则

选择典型的地区、流域或河段，进行水文调查与观测。利用天然河道中具有断面控制或河槽控制作用的地点，选择河道比较平直、河床比较稳定、断面比较规则、水流较为平稳的地段。应避开分流、斜流等水流不规则现象及变动回水的影响。选择的河段附近不应有大的支流汇入。

三、水文测验内容与程序

（一）测验内容

水文测验是系统收集和整理水文资料的各种技术工作的总称。

（1）按统一的技术标准在各类观测站上进行水位观测、流量测验、泥沙测验和水质、水温、冰情、降水量、蒸发量、土壤含水量、地下水位等观测，以获得实测资料。

（2）水文调查，包括测站附近河段和以上流域内的蓄水量，引入引出水量、滞洪、分洪，决口和人类其他活动影响水情情况的调查，也包括洪水、枯水和暴雨调查。

(二) 测验程序

1. 河水特点观测

河水特点观测包括水温、透明度、水色等。

2. 过水断面面积测定

过水断面面积测定包括水深测量和测深垂线起点距测量，可用水尺、测深杆、测深锤、测深铅鱼、超声波等测定水深。

3. 水位测定

水位测定与断面面积测定同时进行。

4. 流速测定

选择测速垂线，并在测速垂线上选择测点测定流速。一般河槽测速垂线应比河滩多。另外，在断面地形有剧烈转折和流速有显著变化的地方应多设测速垂线。除用流速仪测定流速外，还可以用浮标法粗略地测定流速。其方法如下：在观测断面上下游分别选择上观测断面和下观测断面，使此两个断面距离为一确定值。在上观测断面上游20m左右处设浮标投放断面。在浮标投放断面处投放浮标（树枝木块等漂浮物），当浮标到达上观测断面时开始计时，在浮标到达下观测断面时，停止计时。确定浮标从上观测断面到下观测断面所经历的时间，利用式：$V = LT$（上下观测断面间的距离浮标从上观测断面到下观测断面经历的时间），测得流速。

5. 泥沙观测

泥沙观测利用泥沙取样器取泥水样，并按规范测得泥沙含量。

第二节 水文野外实习的内容和方法

一、凉城县水系分布

凉城县地表水是由大气降水形成地表径流和河沟洼水羁留两部分组成。平均径流深49.6毫米，不同地区的变化范围是43～55毫米。

全县80%多的地表径流集中于6～9月，西北部降水量大，占全县的40.6%。其次是南部黄土丘陵区，由于植被稀疏，持水性差，径流占22%；岱海滩河川径流量占21.1%；南部和东南部最少。

1. 水系

凉城县的河流分属岱海、永定河、黄河三大水系，共有大小沟道310条，沟道总长度为1 914.9公里，平均沟道密度0.55公里/平方公里。加上侵蚀沟，全县平均沟壑密度为 2~4 公里/平方公里。

(1) 岱海水系：岱海水系流域面积为 2 252 平方公里，其中分布在凉城县境内的为 1 922 平方公里，占全县总流域面积的 55.6%。海拔高度在 1 225~2 100 米。注入岱海的一级河沟有 22 条，长度 409.6 公里；二级河沟有 83 条，长度为 438.8 公里；三级河沟 46 条，长度为 135.5 公里。沟道总长度为 983.9 公里。沟谷密度为 0.56 公里/平方公里。属岱海水系的乡镇有：北水泉、十九号、刘家窑、麦胡图、厢黄地、城关镇、三苏木、六苏木、双古城、天城、十三号乡和厂汉营、曹碾乡的一小部分。

(2) 永定河水系：分布在县境东南部，流域面积为 433 平方公里，占全县总流域面积的 12.5%。海拔在 1 260~2 042 米。属永定河水系的山区河源部分，在凉城县境内的有一级沟 19 条，其长度为 140.3 公里，最长的后营沟为 26 公里；二级沟 30 条，长度为 125 公里；三级沟 14 条，长度为 32.6 公里。沟道总长度为 297.9 公里，沟谷密度为 0.69 公里/平方公里。属永定河水系的乡有后营和曹碾的大部分以及十三号、天城乡的一部分。

(3) 黄河水系：分布在县境西南及西北山区，属外流区域，流域面积为 1 103.3 平方公里，占全县总面积的 37.9%，海拔在 1 300~2 300 米，是大黑河和浑河水系的一部分山区河流有发源于县境外卓资山大榆沟 247 平方公里的径流量经过县境内岱洲窑沟，注入大黑河。此流域有 8 条一级沟（时令河），长度为 219 公里，最长的太平寨沟为 37 公里；二级沟 53 条，长度为 278.5 公里；三级沟 35 条，长度为 135.6 公里；沟道总长为 633.6 公里，沟谷密度为 0.57 公里/平方公里。县境内注入黄河支流的水系有大黑河、什马素何、浑河等。属黄河水系的乡有：东十号、程家营、崞县窑、三庆、多纳苏、永兴乡和双古城、厂汉营、厢黄地乡的部分地区。

2. 主要河流

(1) 弓坝河：发源于北水泉乡，流经北水泉、厂汉营、刘家窑、双古城、六苏木、厢黄地 6 个乡，注入岱海，全长 50 公里，属季节性河流。

(2) 五号河：发源于北水泉乡，流经北水泉、厂汉营、刘家窑、六苏木 4 个乡，注入岱海。全长 46 公里，属季节性河流。

(3) 步量河：发源于北水泉乡大窑村，向北流经北水泉、十九号、六苏木 3 个乡，注入岱海。全长 31 公里，属常年性河流。

(4) 天成河：发源于曹碾乡的九号村，向北流经曹碾、十九号、天成 3 个乡，注入岱海，全长 40 公里，属常年性河流。

(5) 永兴河：发源于东十号乡坝底村，流经东十号、永兴乡和林格尔县的黑老窑乡及凉城县的双古城乡，注入浑河后入黄河。全长 30.5 公里，属常年性流水，但水不大。

(6) 目花河：发源于丰镇市程家村，向西流经麦胡图乡境内注入岱海，全长

10公里,属常年性流水,但水不大。

(7)索代沟河:发源于卓资县羊圈湾村,向南流经麦胡图注入岱海,全长20公里,索代沟蒙语意为:"口袋式的沟",属常年性流水,但水不大。

(8)太平寨河:发源于厢黄地乡的后梁村,流经厢黄地、东十号、崞县窑的太平寨村,注入黄河,全长27公里,属常年性流水,但水不大。

凉城三大流域沟道如表8-1所示。

表8-1　　　　　　　　　　凉城三大流域沟道

流域	编号	沟道名称	Ⅰ级		Ⅱ级			Ⅲ级	
			沟长(公里)	面积(平方公里)	条数(个)	沟长和(公里)	面积和(平方公里)	条数(个)	沟长和(公里)
岱海流域	1	五号河	46	194.5	13	83.4	140.2	3	15.1
	2	弓坝河	50	456.6	26	136.5	222.3	12	31.8
	3	杏树贝沟	15	55	3	13.5	14.5		
	4	圪臭沟	11	58					
	5	帽沟	7.2	8.6					
	6	泉卜子沟	7	12.4	1	4.3	5.4		
	7	园子沟	17	84	4	16.9	21.4		
	8	沙卜子东沟	78	12	1	5.6	6		
	9	富家村东沟	8	5.8					
	10	韭菜沟	12	44					
	11	大庙西沟	6	24					
	12	松树沟	9	18	2	4.3	3		
	13	元山沟	6.6	29	1	2.5	0.9		
	14	白石头沟	11	7.6					
	15	淤泥滩西沟	10	18.6					
	16	索代沟	17	76					
	17	水草沟	17	39					
	18	目花河	30	58	2	34	89	4	16
	19	泉子沟	5	6	1	6	4.5	1	3

续表

流域	编号	沟道名称	Ⅰ级		Ⅱ级			Ⅲ级	
			沟长（公里）	面积（平方公里）	条数（个）	沟长和（公里）	面积和（平方公里）	条数（个）	沟长和（公里）
岱海流域	20	天成河	70	256.5	10	60.1	78.9	10	36.5
	21	步量河	31	216.4	13	49.8	101	12	28.5
	22	石窑沟	16	84	6	21.9	20.4	4	4.6
	合计	22条	409.6	1 762	83	438.8	707.5	46	135.5
永定河流域	1	七号沟	16	58	8	224	21.7	3	4.1
	2	马王庙沟	18	83	3	14	15	1	2.4
	3	双山子沟	11	43	5	38.1	40	3	14.1
	4	丰盛沟	9	12					
	5	井儿沟	5	6					
	6	前营子沟	26	89	4	15.7	19.7	3	7.3
	7	杏树沟	1.2	1.9					
	8	二十四号沟	1.3	1.1					
	9	十九坪北沟	1.6	2.1					
	10	大水泉沟	9	50.8	3	8.5	7.9		
	11	大泉沟	6	3	1	5.4	6.1	1	1.6
	12	水口沟	4.6	40					
	13	十三沟	4	3.1					
	14	曹碾西沟	9	20.9	4	13.2	16.3	1	1.1
	15	宽沟	8	15.6	2	5.8	315	2	2
	16	石台坪沟	5	13.8					
	17	七台泉东沟	3.1	15.2					
	18	七台泉西沟	3.4	2.6					
	19	马庙楼沟	4.1	7.9	1	1.9	2		
	合计	19条	140.3	433	30	125	132.2	14	32.6

续表

流域	编号	沟道名称	Ⅰ级		Ⅱ级			Ⅲ级	
			沟长（公里）	面积（平方公里）	条数（个）	沟长和（公里）	面积和（平方公里）	条数（个）	沟长和（公里）
黄河流域	1	大榆树沟	30	231	5	32	51	6	15.8
	2	太平寨沟	37	202.5	11	59.3	78.2	4	33
	3	喇嘛沟	24	82	7	31.4	39.2	4	8.3
	4	前打车沟	30	79.5	4	13.4	9.8		
	5	蒙汉沟	27	79	4	17.2	19.4		
	6	鸭落沟	28.5	134.3	6	36.4	50.3	8	29.5
	7	永兴沟	30.5	243	10	55.5	104.1	12	45.9
	8	贺州弯沟	12	52	6	33.1	60.6	1	3.1
	合计	8条	219	1 103.9	53	278.5	412.6	35	135.6
总计		49条（不含岱海）	768.9	3 298.3	166	842.3	1 252.2	95	303.7

二、河流流域水文资料分析

（一）水系特征的分析

河流水系特征主要有河流的流程、流向、流域面积、支流数量及其形态、河网密度、水系归属、河道（河谷的宽窄、河床深度、河流弯曲系数）。影响河流水系特征的主要因素是地形，因为地形决定着河流的流向、流域面积、河道状况和河流水系形态。

常见的河流水系形状有：①树枝状水系：支流较多，主、支流以及支流与支流间呈锐角相交，排列如树枝状的水系。多见于微斜平原或地壳较稳定、岩性比较均一的缓倾斜岩层分布地区。世界上大多数河流水系形状是树枝状的，如中国的长江、珠江和辽河，北美的密西西比河、南美的亚马孙河等。②向心状水系：发育在盆地或沉陷区的河流，形成由四周山岭向盆地或构造沉陷区中心汇集的水系，如中国四川盆地的水系。③放射状水系：河流在穹形山地或火山地区，从高处顺坡流向四周低地，呈辐射（散）状分布，例如亚洲的水系特征。④平行状水系：河流在平行褶曲或断层地区多呈平行排列，如中国横断山地区的河流和淮河左岸支流。⑤格子状水系：河流的主流和支流之间呈直线相交，多发育在断层地带。⑥网状水系：河流在河漫滩和三角洲上常交错排列犹如网状，如三角洲上的河流常形成扇形网状水系。

常年有水流动且彼此相连的河道系统，谓之水系。研究水系特征，首先应确定干流和支流系统；在地形：确定直接注入海洋或湖泊的水流，即为河流，注入干流的河流为一级支流，注入一级支流的河流为二级支流。在地形图上确定河最初具有地表水流形式的地方和河口（河流流程结束的地方），分析河源水流的补给来源。根据河床的纵剖面、比降、水量、流速、冲淤变化、河床糙度等将河流划分为上游、中游和下游。

用两脚规逐段量取河流的长度，然后将每段长度相加即为总河长。也可用曲线计量取河长。根据公式（$H_1 \sim H_2/L$）计算不同河段的比降。式中 H_1 和 H_2。分别为河段上、下游两点的高程，L 为河段长度。根据河段的实际长度与该河段直线距离之比，计算河流的弯曲系数，并分析河流弯曲系数对排洪及航运的影响。在地形图上根据水系的平面形态，主、支流的分布状况等确定水系类型（扇状、羽状、格状、树枝状、平行状等），分析水系类型对河道水情，尤其是对洪水的影响。

（二）流域特征的分析

首先，可量算流域面积，其方法是在地形图上圈绘所要调查的水系与相邻水系的分水线，在山区可沿山脊线勾绘，平原区的分水线比较难以确定，可用大比例尺地形图勾绘，必要时须到野外详细测量。由分水线所围限的面积即为流域面积。可用求积仪法、方格法、几何图形法或电动求积仪法量算。计算单位面积的河流总长度（主、干流长度之和），即为河网密度。其次，量算流域长度，计算流域平均宽度。流域长度是指流域的轴线长度，其量算方法是以河口为圆心作同心圆，由同心圆与流域分水线相交，绘出许多割线，各割线中点连线的长度即为流域长度。应注意分析流域长度与流域洪水的关系。根据流域面积与流域长度的比值，计算流域的平均宽度。并分析流域平均宽度与洪水的关系。然后，根据流域分水线长度与流域等面积的圆周长的比值，计算流域延长系数，并用流域延长系数表示流域的形状。根据左右岸面积之差与左右岸面积平均值的比值，计算流域不对称系数，分析流域不对称系数对径流时间与径流情势的影响。最后，根据流域内等高线的长度和它们的高程，由公式计算流域平均高程。

$$\bar{Z} = \frac{L_0 Z_0 + L_1 Z_1 + L_2 Z_2 + \cdots + L_n Z_n}{\sum L}$$

式中，L_0，L_1，L_2，$\cdots$，L_n 为相等高线的长度，Z_0，Z_1，Z_2，$\cdots$，Z_n 为相应等高线的高程。分析流域平均高度对气温和降水的影响。同时要计算流域平均坡度，分析流域平均坡度对径流的产生、集流、下渗、土壤水、地下水及水土流失和河流含沙量的影响。

（三）水系水情分析

计算正常年径流量，用流量、总水量、径流模数、径流深等表示。分析水量的年内分配，计算各月水量所占的百分比，分析枯水月 90% 保证率水量。分析水量的年际变化，分析频率为 1%、10%、50%、90%、95% 的径流情况。分析年水位过程线和水位历时曲线，找出最高洪水位和最低枯水位。分析特大洪水年的洪水过程线、洪峰流量及洪水总量。分析某年枯水期长短，计算其最枯流量值。分析多年平均含沙量、侵蚀模数、泥沙来源及泥沙多年变化规律。分析河流水温的年内变化，水温沿河长的变化及与沿程的气候条件和补给条件的关系，分析河流结冰，封冻和解冻的日期，有无凌汛现象，以及水温、冰情对农田灌溉和水利工程的影响等。分析河水的主要化学成分，确定主要离子组成，分析河水的矿化度，以及影响河水化学成分和矿化度的因素，分析河水化学类型对生活用水，农业用水和工业用水的影响。

河流流域水文的野外调查。我国河流密布，这些河流每年都有不同程度的洪水发生。有时江河泛滥、堤坝溃决，给国家和人民带来重大损失。洪水的防范和利用，变水害为水利，与国民经济建设有着极为密切的关系。河流水文调查多以洪水调查为主。

1. 调查内容

（1）洪水发生的时间（年、月、日）。
（2）最高洪水位高程及痕迹。
（3）洪水的地区来源及组成情况。
（4）洪水发生时河道及断面的河床组成，冲淤变化情况。
（5）洪水涨落变化过程。
（6）洪峰流量及洪水总量的计算和分析。

2. 河道踏察

根据河流和调查区的实际情况，对拟订的调查河段进行实地踏察，以便最终选定调查河段。踏察时应注意了解下列情况。

（1）河道的顺直或弯曲情况，滩槽分布情况，有无支流、分流、急滩、卡口和雍水等现象。
（2）水文站观测断面及水准点的位置。
（3）堤防、桥涵、渠道、拦河坝等水工建筑物所在位置及对河道水流的影响。
（4）有洪水痕迹的村庄、渡口、沿河古建筑物和岩壁等标志物的地点。

3. 野外详查

（1）调查河段选择一个理想的调查河段，要求的条件较多，最基本的原则是具有一定数量的洪水痕迹和便于推算洪水流量两个方面。一般情况下，调查河段的选择应考虑下列条件。

①符合调查目的的要求。
②为了查出数量可靠的历史洪水痕迹，调查问段一般要求选得较长一些。
③调查河段内应包括能够推算流量的河段。在水文站附近，推算流量的河段可

与水文站测验河段一致，以便利用水文站的水位、流速等资料推算流量；在无水文站的河段，推算流量的长度，可比调查河段短一些，但要求河道比较顺直，断面形状相近，有一定的水面落差。

④调查河段内无大的支流汇入，无分流和严重跑滩现象，不受建筑物引水、排水、阻水及变动回水的影响。

⑤河道平面位置及过水断面变化不大，如有冲淤变化，洪水当时的断面是可以求知的。

上述五点如同时兼顾有一定困难，以保证前四点为主。

（2）洪水发生时间 调查洪水发生的年份和日期，可通过以下几种途径获得。

①从访问中了解洪水发生的时间：沿河居住的老年人，因长期从事生产活动，十分关心水情。因此，往往可以提供洪水发生的准确日期。当群众一时说不清洪水发生的具体时间时，可联系群众生活中发生的事情推算，一般有两种推算方法。一种是结合历史上发生的较大事件推算，如水灾、旱灾、虫灾、雹灾、震灾、火灾等自然灾害，往往使群众有极深刻的印象，可以根据这些自然灾害发生的时间来推算洪水发生的时间。另一种是根据群众最容易记忆的事情推算。如根据年龄、婚事、搬家、闰月、战争等推算洪水发生的时间。

②从传说和文物记载中了解洪水发生的时间：可由民谚、传说、岩石刻字、壁字及庙宇和建桥的碑文中了解；也可以从群众的账本和日记中了解；还可以考证历史文献资料或分析邻近河流的历史洪水日期来确定。

（3）洪水痕迹 调查河道内每发生一次洪水，都有一个最高的洪水位。最高洪水位所留下的泥印、水迹、树木或灌丛支干的挂淤物、人工刻记以及其他一切能够代表最高洪水位到达位置的标志物，称为洪水痕迹，简称"洪痕"。洪痕是确定最高洪水位、绘制洪水水位线和计算流量的直接依据。洪痕调查可以从三个方面进行：一是由了解情况的群众指认洪痕；二是根据群众提供的线索，同群众一道讨论、查找洪痕，三是根据所了解的情况，亲自到现场寻找、辨认洪痕。

（4）流域特征和人类活动影响的调查 随着时间的推移和人类活动的影响，流域的自然面貌也在逐渐改观。下垫面条件的变化必然带来产流和汇流条件的改变。了解流域内下垫面条件的现状及其在历史上的演变过程，对于检查调查结果的合理性，以及区域性的综合比较都有重要作用。

流域的集水面积、河道长度、河道平均坡度、流域平均宽度等特征资料，可以在适当比例尺的地形图上量算，也可以从水文年鉴或其他有关报告上查找。

洪水的大小往往同流域内湖泊、沼泽、洼地、闭流区和森林植被及土地开垦等条件有关，当这些条件有所改变时，洪水的形成亦将出现差别。因此，要注意对流域内湖沼、植被及土地利用情况的调查。

调查河段附近地区的河网化、河道疏浚、截弯取直、河流改道、开渠、筑坝、堆渣、修堤等人类活动，有的可能影响过水断面面积，有的可能改变水面曲线。调查时除了弄清它们所在的位置外，还要查清它们对水流的影响程度。

三、河流水文测验

水文测验的主要任务是通过观测、测验和测量，取得河流的基本水文资料。主要测验项目有水位、流量、水温、泥沙等。

（一）水位观测

水位观测的资料，可直接应用于水文预报和水利工程建设，也可间接应用于推求流量等。水位观测可用水尺或自记水位计进行。

（1）水尺在水位观测中，直立式水尺的应用最为普遍。在年水位变幅不大，流水、浮运、航运等对水尺危害不严重的河流上，多采用直立式水尺。直立式水尺多用木料、搪瓷、铁轨等材料制成。直立式水尺多在河流的岸边分级设立。

（2）自记水位计自记水位计是能够自动、连续记录水位变化过程的仪器，用它测水位具有观测方便，节省人力的特点。自记水位计有以下三种：

①浮筒式水位计的工作原理是用浮筒连接自动记录设备，将水位变化按一定的比例在记录纸上绘出水位过程线。水位记录还可以用电传设备送出。

②水压式水位计的工作原理是利用水的压力测定测点及上水柱的重量，然后推算出水位。

③超声波水位计是根据超声波脉冲的传递时间，测定脉冲所经历的距离，并由此推出水位。

（二）流量测验

流量是河流重要的水文特征之一，研究河川径流的变化规律，离不开流量资料。流量也是有关部门进行工程规划和工程设计时不可缺少的基础资料。

（1）流量的测验方法目前国内外的测流方法很多，按其工作原理可分为五大类：

①流速面积法是通过流速和断面的测定来计算流量。这种方法广为世界各地采用。而平均流速的测定，可用积点法、积分法和浮标法。积点法是将流速仪停放在断面上预定的测点进行测速。我国目前普遍采用这种方法；积分法是采用运动的方式取得垂线或断面的平均流速；浮标法是通过测定投到水面的浮标移动速度计算流量。

②水力学法是根据水位流量关系，由测得的水位代入水力学公式求算流量。

③化学法（稀释法、溶液法）是将已知量的可溶指示剂注入河水中，由于水流的作用使指示剂在水中扩散，通过测定水流中指示剂浓度来推算流量（指示剂稀释程度与水的流量成反比）。

④物理法利用超声波法、电磁感应法和光学法等来测定河流断面平均流速，再计算流量。

⑤航测法借助于航空摄影，根据航测照片测定流量。

（2）测验步骤（积点法）。

由于 $Q = FV$，因此流量（Q）测验就需要测定河流过水断面面积（F）及流速（V_0）。

①断面测量流量测验必须进行过水断面测量。过水断面测量包括深水测量，测深垂线起点距测量与测深断面水位的观测。在中、小型河流测量水深多用测深杆、测深锤、测深铅鱼等；而大型河流多用回声探测仪。测深垂线与断面点桩间的距离称垂线起点距。垂线起点距的测量方法有断面索法、经纬仪法平面交会法等。我国目前以采用经纬仪法为最普遍。测深时要观测水位，以便计算各垂线的河底高程。有了各垂线的起点距与河底高程，就可绘出河槽横断面图。

②流速测验。

流速仪的工作原理：流速仪是常用的测定流速的仪器。流速仪有旋杯式和旋桨式两种。

根据流速越大，旋杯转动越快，单位时间内转数越多的原理，建立水流速度 v 与单位时间内旋杯转数 R/s 的相关关系方程，即：$V = aR/s + b$，式中：R 为旋杯在 s 秒内的转数；s 为旋杯转动的时间；a、b 为流速仪出厂前经过检定得出的系数。

流速垂线与测点的选取：由于流速在断面上的分布受许多因素影响，因此断面上应均匀分布流速垂线。

（三）泥沙测验

河床挟带泥沙能直接影响河床的冲淤变化。泥沙资料也是研究水土流失问题的重要依据。泥沙测验包括施测悬移质、推移质的数量和颗粒级配，因悬移质通常是河流挟沙的主要部分，所以，下面只介绍悬移质含沙量及输沙率的测量。

1. 悬移质含沙量的测验

（1）测验方法测定悬移质含沙量的方法很多，归纳起来有如下几种：

①泥沙采样器测量法：采样器类型很多，如瓶式、模式、抽气式、美国 P—46 型、P—61 型、法国纳尔皮克采样器等。用采样器测定河流含沙量时，要对采样器所采取的水样进行处理，得出水样沙重，才能计算测点或垂线含沙量。

②含沙量光度测量法：利用电子光学原理，测定光束通过水流时被吸收和散射的程度，间接确定水中悬移质泥沙量。用这种方法可以不经取样和水样处理，直接在河水中测出含沙量。由于光线通过浑水的能力有限，此方法只适用于小的河流。

③放射性同位素测量法：其原理和光度测量法类似，是根据射线通过浑水时被吸收和散射的程度，换算求得水的悬移质泥沙量。这种测法优点在于可快速、连续地测定水中泥沙含量，而不用取水样。

④放射性同位素示踪法：在河流上游投放示踪剂，在河流下游观测示踪剂出现的数量，并按浓度过程线推算河水中泥沙的含量。

（2）单位含沙量测验（采样器法）单位含沙量测验的目的在于掌握河流含沙量的变化过程及推算断面输沙率。测验步骤如下：

①采取水样：利用采样器在预定测点或垂线上取水样。取样时，应同时观测水位及取样处水深，并测定取样垂线的起点距。因此，可与测流同时进行。

②水样处理：水样处理的方法有过滤法、焙干法和置换法等方法。

③含沙量计算：含沙量是指单位体积浑水中所含泥沙的重量，用下式计算：

$$P = \frac{Ws}{V} \times 100$$

式中，P 为实测含沙量，用 kg/m^3 表示；Ws 为水样中干沙重，用 g 表示；V 为水样体积，用 m^3 表示。

2. 测量断面输沙率

断面输沙率的测验由于输沙率是含沙量和流量的乘积，因此输沙率的测验要测含沙量和流量，而且多与测泥同时进行。

（1）取样垂线据泥沙在横向分布变化情况，布设若干条垂线。取样垂线的数目，应不少于流速仪精测法测速垂线的一半，当河宽大于 50 米时，取样垂线应不少于 5 条；河宽小于 50 米时，取样垂线应不少于 3 条。

（2）垂线上取样方法常用的取样方法，积点法、定比混合法和积深法。

（四）水温测验

水温测验可用水温表放在河水面下 20cm 处，1 分钟后提出水面读数即可。

四、观测资料的整理与分析

（1）归纳整理各类观测数据（水位、过水断面面积、流速、流量）。
（2）利用水位推算流量。
（3）采用流速面积法计算流速。
（4）河流水情要素特点分析。
（5）河流水流特征与环境的关系分析。

五、水文调查报告

水文调查报告需要介绍调查区的区域环境特点，集水区地形特性、收集到的降水量资料统计分析等影响河流水情的资料。重点是水文观测点的选设，所选用的各类测水仪器及其使用方法，观测的过程、测验的项目、种类，水位观测，河道横断面测设，流速仪测流。计算汇总各种观测资料，利用初步整理的测验数据，分析调查区河流特征，包括：

（1）河流基本情况（水深、水温、透明度、水色）。
（2）进行实测河流（渠道）过水断面面积、水深、流速及水位。

(3) 基本的水位观测方法和应用水位推求流量。

(4) 河流过水断面面积和流速的测定，根据公式计算出流量，利用流量计算表、公式，计算断面流量。

(5) 泥沙的实地观测。

(6) 利用水文学原理，对观测到的各类水文现象和特征对比分析，揭示各水文因素之间的联系。

第九章　人文地理野外教学实习

地理学是一门古老的学科，其任务主要是研究地球表层自然与人文因素相互作用关系及时空规律，并建立起两者之间的桥梁。人文地理学是研究地球表层的人类活动和地理环境相互关系的地域体系的形成过程、结构、特点和发展规律的地理学分支学科之一。人文地理学是一门集认知性和实践性为一体的课程，其中涉及"城市地理学""文化地理学""旅游地理学""人口地理学"等多个科目，以致该学科的实践教学兼有课堂与课外、短途实习与长途实习等多个方面。对于人文地理学实践而言，通过调查可以得到包括人口地理信息、资源地理信息、经济地理信息、政治地理信息、文化地理信息、旅游地理信息、历史地理信息等多个分支在内的人文地理信息，从人文的角度理解人文地理信息，同时结合以3S技术为主的先进地理信息技术对其进行分析，在人文地理实践教学中有着重要的意义。

在通常教学理念中，对自然地理学野外实习的重视程度要远远高于人文地理，人们认为人文地理学的资料获取可以利用现代地理技术取代实地观察。20世纪90年代以后，越来越多的学者认识到，在充分利用现代地理技术的同时，具有创新的研究成果必须来自野外工作。不仅如此，国外地理学家还将地理野外工作提到了一个科学研究"原动力"的高度上，它往往是证实直觉判断的关键。进入21世纪以后，出现了新的研究内容和研究方向，出现了新的人文地理学分支科学，如行为地理学、企业地理学等；人文地理学科出现应用化倾向，重视实践研究和可操作性，3S技术等计量研究方法成为热点；体现我国社会、经济、文化活动的时代特色，如美丽乡村建设、传统村落保护、城乡一体化等热点问题。国外大学地理系的野外实习重新受到重视，而且都注重调动学生的学习能动性。因此，应适当安排学生野外实习，带领学生参观和考察学校附近典型的人文地理景观，增加学生对书本知识的感性认识，使学生初步掌握人文地理野外考察、调查的基本方法。由于人文地理野外实习多数都安排在自然地理野外实习之后，学生已具备了一定的地理知识和野外工作经验，所以在人文地理野外实习中可以发挥学生的积极性和创造性，让学生将理论与实践结合起来，增强其动手动脑能力，提高其专业基础和实际能力。

从地理教学的角度来说，地理野外实习的时间越长，范围越广，其效果越好，收获也就越大。但由于受时间、资金、设备等条件限制，不可能进行频繁的、长时间的、大规模的实习活动。短途地理实习，可以让该专业学生在有限的时间与经费范围内，对学校周边的典型的人文地理景观进行调查，让学生加深对相关知识的感性认识。然而短途实习线路必须经过周密的设计才能让学生在短期内进入实习状态并达到预期的目的。

凉城县地处"环渤海"经济圈、"乌大张"长城金三角和"呼包鄂"经济区地带的中心，是内蒙古中西部地区大旅游圈不可或缺的重要节点和交通枢纽。凉城县历史文化悠久，旅游资源富集，被评为全国绿化模范县，是全区七个"宜居宜旅城镇"之一。凉城县人文地理资源丰富，且距离呼和浩特市仅100公里，能满足较多教学内容实践的需要，符合短途地理实习的要求，能达到综合考察实习之目的。

第一节 凉城县人文地理概况*

凉城县户籍人口22.8万（2021年11月份统计数据），有蒙、汉、满、回、苗、彝等多个少数民族。近年来，凉城县经济社会各项事业取得长足发展，地区生产总值、财政收入、固定资产投资、工业增加值等主要经济指标屡创新高。2018年全县地区生产总值完成62.6亿元，同比增长3.1%；一般公共预算收入完成1.25亿元，同比下降40%；固定资产投资完成19亿元，同比下降6.7%；城乡居民人均可支配收入分别达到29 892元和12 153元，同比分别增长7.5%和9.8%；社会消费品零售总额达到23.7亿元，同比增长7.2%。三次产业结构由26∶38∶36优化为24∶36∶40，结构更趋合理。现代农牧业提质增效。以杂粮杂豆、奶牛、肉牛为主的农牧业产业继续巩固发展，以世纪粮行、海高牧业为主的农牧业龙头企业进一步做大做强；骏羊牧业30万只奶山羊基地在六苏木开工建设；新型农业合作组织达到110家，与农户的利益链接更加紧密。对全县94万亩耕地进行了土地确权。工业经济加快转型。岱海电厂一期技改完成投资10亿元，鸿茅国药三期完成6 300万元，北京忘形农业农畜产品加工项目开工建设。旅游产业蓬勃发展。按照"全域旅游、四季旅游、产业融合"的发展思路，大力推进旅游项目建设，马刨温泉城主体基本完工，马头山田园综合体开始园区设计，完成流转土地1.5万亩。岱海国际滑雪场被批准为国家4A级旅游景区，承办了全区十四届运动会越野滑雪和冬季两项比赛、民奥会"飞雪极限"国际城市挑战赛凉城站赛事；协助中央电视台体育频道完成《运动过大年》节目拍摄。绥蒙革命纪念园二期完成三层布展并对外开放。岱海景区精心打造560亩花海，成功举办了第二届美食节、"岱海之夏"花卉节。全年接待游客130万人（次），同比增长10%，旅游收入达4亿元，同比增长10.6%，旅游直接从业人员5 100人。凉城县具体情况如下：

---

* 笔者根据凉城县人民政府网站（www.liangcheng.gov.cn）相关信息整理所得。

一、区位情况

凉城县位于内蒙古自治区中南部,是乌兰察布市(地级市)所辖 11 个旗县市区之一,西距呼和浩特白塔机场仅 1 小时车程,南距大同机场 2 小时车程,被称为"京津后花园"。独特的区位优势为企业和产品更快更宽地开辟市场打下了不可多得的基础和条件。

二、交通情况

凉城县交通便利,京包铁路、京呼高速擦边而过,大准铁路横贯县境。县内梅岱、呼阳、凉水、岱虎等高等级公路的建成通车,使凉城县与京包、集二、集通、在建的集张铁路和 110、208、京包、京大、宣大、德大、大运、呼鄂、省道 103 线、呼满省际大通道等高等级公路相通,与国内东西、南北最长的两条高速公路丹拉高速和二广高速唯一的交汇点集宁仅半小时车程,构成了一个面向京津唐乃至全国的道路交通网络,凉城县已跻身首都 4 小时经济圈内。完备的交通条件为企业的发展提供了可靠、便利、快捷的交通运输优势。

三、资源情况

凉城县资源富集,各类物产形成了完整的资源链,具有广阔的发展空间和开发利用价值。

矿产资源方面,全县花岗岩储量约 63 万立方米,墨玉储量约 1.6 万立方米,石榴子石储量约 500 万吨,建筑石料储量约 337 万立方米,地热储量约 12 万立方米。

农牧业资源方面,凉城县农业生产条件较好,粮食年产量稳定在 4 亿斤以上,是内蒙古自治区 28 个产粮大县之一。种植业方面,以玉米、马铃薯、杂粮杂豆、蔬菜、烤烟等产业为主,其中玉米年产量 3 亿多斤、马铃薯年产量 8 亿多斤、杂粮杂豆年产量 0.6 亿多斤、各类新鲜蔬菜年产量 3.5 亿多斤。年产烟叶 1 万多担,是内蒙古自治区仅有的两家烟叶生产旗县之一。畜牧业方面,以奶牛、肉羊养殖业为主。截至 2008 年 6 月末,全县共发展奶牛基地乡镇 6 个、专业村 135 个、专业户 1.45 万户,奶牛存栏达 7.26 万头,其中基础奶牛 2.83 万头,后备母牛 2.25 万头,犊牛 9 500 头。建成标准化奶站 174 座,进站奶牛 3.2 万头,日产鲜奶 466 吨,为"乌兰察布市第一奶牛强县"。特别是全县建有 5 处大中型专业牧场和 4 个奶牛养殖园区,年饲养能力达 2 万多头,日产鲜奶 150 吨以上;肉羊存栏 44.5 万只,其中基础母羊 38.1 万只,年出栏肉羊 96.2 万只,可出产羊肉 1 万多吨,提供上市皮革 6 万多张。

旅游资源方面,以岱海、温泉、蛮汉山为中心,形成了山、水、林、泉设施齐备的旅游资源链。岱海古称"天池",是内蒙古第三大内陆湖,素有"塞外天池""草原明珠"之美誉,属典型的半干旱封闭型内陆淡水湖泊。七、八月平均水温

20℃以上，与秦皇岛、北戴河水温相似，符合水温23℃以上的国际天然浴场标准。岱海周边湿地生态环境良好，滩涂草原面积达20多万亩，是国内为数不多的高原无污染草原湖泊之一，2006年被评为内蒙古十大历史风景名胜区；岱海北岸3公里处，温泉储量丰富，日涌水量达2 700多吨，水温终年在38℃左右，内含多种对人体有益的微量元素，对风湿、类风湿、皮肤病等疾病有显著疗效。2004年以来，凉城县按照国际著名设计公司澳大利亚COX集团"一个中心、五个港口、八个区域、十二个景点"的总体规划，对岱海区域的生态环境和旅游资源进行了合理的保护和开发利用。现已累计投资5亿多元，先后建成了四星级宾馆、旅游中心码头、温泉洗浴城、文化苑、滑雪场等设施和景点景区，举办了岱海之夏旅游节、岱海金秋文化节、冬季冰雪节等大型旅游活动，基本奠定了具有区域特色的四季旅游品牌；蛮汉山古称九峰山，集奇峰、怪石、神洞、小溪于一体，有神女峰、万年冰窖、佛爷洞、石林、石长城等众多景观。特别是位于蛮汉山中段的二龙什台国家森林公园，四季景色变化多端，山间清泉细流，林木葱茏，碧草丛生，是消夏避暑的首选之地。目前，全县已基本形成了年接待游客50万人（次），实现旅游收入8 000多万元的接待能力。2007年，荣膺"中国县域旅游品牌百强县"称号。

水资源方面，有大小河流33条，分属岱海、永定河、黄河三大水系，其中岱海流域面积2 252平方公里，黄河流域面积1 103平方公里，永定河流域面积433平方公里。全县地表径流总量20 083万立方米，是西部地区少有的水资源富集区。

渔业资源方面，全县有天然水面1.65万公顷，其中岱海水面面积160平方公里，蓄水量13亿立方米，是内蒙古自治区重要的渔业生产基地和我国华北地区有机鱼的重要生产基地之一。岱海湖现有鱼类27种，年产鲜鱼能力达230多吨，主要品种有鲤鱼、鲫鱼、鲢鱼、大银鱼、草鱼等。尤以红尾鲤鱼和大银鱼为上品，远销欧美、日本等国。

风力资源方面，受西伯利亚和蒙古高原的影响，凉城县风力资源较为丰富，年平均风力5~6级，平均风速2.6米/秒，最大风速达15米/秒，风速大而且稳定，是发展风电项目的理想之地。

动植物资源方面，凉城县共有动物和植物各千余种。植物中，具有食用价值的有沙棘、岱海秋红苹果、甜杏、山樱桃、黄花菜、蘑菇等；具有药用价值的有甘草、党参、枸杞、柴胡、知母等。其中沙棘人工种植面积达30多万亩，挂果面积20万亩，年产沙棘果2万多吨。利用丰富的药材资源和沙棘资源酿制的"鸿茅药酒""鸿茅沙棘冰酒"和"蛮汉山沙棘汁"闻名区内外，特别是"鸿茅药酒"具有300多年的酿造历史，曾作为党的七大用酒和香港回归庆典礼品载入史册；岱海秋红苹果种植面积4.2万亩，其中成年果树2.8万亩，年可产鲜果11.2万吨（合2.24亿斤），2006年被农业部认证为"无公害农产品"。特别是近年来，在县委、县政府以及社会各界人士的共同努力下，凉城县在六苏木镇刘家夭村建成了岱海秋红苹果种植园区，使果树集中种植面积达到1万亩以上，其中成年果树种植面积

6 000 亩,年可生产优质鲜果 2.4 万吨。2007 年 9 月,该种植园区被财政部和国家科协确定为"全国科普惠农新村先进单位—刘家夭岱海秋红苹果示范基地",2007 年 9 月 27 日,人民日报在第 6 版对其进行了专题报道;甜杏种植面积约 20 万亩,其中成年杏树 15 万亩以上,年产杏果 3 600 万斤、杏仁 1 400 万斤。

四、能源及园区建设情况

电力能源的发展程度标志着一个地区的经济实力和发展潜力。岱海电厂规划总装机容量 480 万千瓦,目前已具备了 240 万千瓦的发电能力,年发售电达 120 亿度,可出产粉磨灰 200 万吨,脱硫石膏 44 万吨。特别值得一提的是,为了充分利用电厂下游产品和全县丰富的农畜产品资源,凉城县现已建成占地 23 平方公里的自治区级岱海电厂循环工业发展区,分 A、B、C 三个循环工业区和一个功能区。A 区为一类工业区,主要依托电厂的余热、蒸汽和全县丰富的农畜产品资源大力发展高新技术、生物制药、农畜产品加工等无污染和高附加值工业;B 区为二类工业区,主要依托电厂的粉煤灰、脱硫石膏等下游产品大力发展水泥、轻体建筑材料等无污染或低污染工业。C 区为三类工业区,主要发展硅钙、硅铁、电石等高耗能工业。发展区直接与梅岱一级公路和岱虎二级公路相通,距离县城仅 20 分钟车程,地势平坦、交通便利。目前园区总体规划、环境影响评价、土地征用报批等相关手续已全部完成,园内"四通一平"、绿化、美化、亮化、给排水等基础设施建设全部结束,入园企业可直接开工建设。电网建设方面,目前全县除建有 500 千伏、220 千伏和 110 千伏 3 条双回电力通道外,2009 年还将在工业园区内新建一座 110 千伏输变电线路,专门供应园区用电,为入园企业提供稳定的电源保障。此外,凉城县与山西省左云县、右玉县毗邻,距鄂尔多斯和山西大同两大煤都分别只有 200 公里和 110 公里,再加上便利的交通条件和低廉的运输成本,为全县经济发展提供了充足的煤炭能源保障。

五、土地情况

凉城县地域辽阔,全县土地总面积 3 458.3 平方公里(518 万亩),人均占用地面积 21.58 亩,是全国平均水平的 1.85 倍。目前全县尚有未利用地 12.65 万亩,可直接用于工业项目建设。而且凉城县地价低廉,目前全县工业用地价格为规划区内平均每亩 4 万元,规划区外平均每亩 2.4 万元。按照凉城县招商引资优惠政策的规定,对于固定资产投资额在 3 000 万元以上的项目,项目建设用地土地出让金县内留成的净收益部分,还将通过项目主管部门专门安排用于该项目区内的公用基础设施建设及拆迁费用和企业周边的生态环境治理工作。这就使项目建设用地的实际价格更加低廉,规划区内平均每亩 2.8 万~3.5 万元,规划区外平均每亩 2.2 万~2.4 万元,是其他大中城市平均地价的近 1/10,项目建设成本优势明显。此外,凉城县劳动力资源富集,用工条件也较其他大中城市方便。据统计,全县现有剩余劳动力 2.2 万余人，月人均用工工资 1 000 元左右。如企业需要，凉城县还可以根据不同的用工条件，在短时间内为企业免费培训所需的技术人才，以保证企业的用工需求。

六、政策情况

近年来，凉城县不断在优化招商引资政策环境方面下功夫，承诺凡来凉城县新办生产企业的，自投产之日起五年内，从全县的企业发展基金中拿出一部分资金用于项目企业的技改和基础设施建设。前三年为企业上缴企业所得税县内留成部分的 100%，后两年为企业上缴企业所得税县内留成部分的 50%。对于国内领先、行业一流的高科技、高技术项目，凉城县还将自企业投产之日起两年内将企业上缴税收地方留成部分的 50% 用于项目区内的基础设施建设。而且，对于对全县经济社会发展有重大影响的投资项目，凉城县还将按照"政策随着项目走"的原则，对企业实行"挂牌保护"，一事一议，特事特办，竭诚为投资者创造一流的服务环境和最佳的政策环境，最大限度地消除投资者的后顾之忧。对于为全县经济社会建设做出突出贡献的优秀企业家，我们还将努力争取其进入县人大、政协挂职，使他们"在经济上有实惠，政治上有地位，社会上有荣誉"。2005 年，凉城县就曾在环岱海综合开发利用项目中，用了不到 10 个工作日的时间，办理了正常情况下 90 个工作日的工作事项，实现了"地等项目"的提前到位，创造了让京能集团赞赏的"凉城速度"。

七、人居环境情况

凉城县青山环抱、绿水萦绕、林木葱茏、民风淳朴，是一座环境优美、人文气息浓郁的塞外古城。近年来，通过大力实施退耕还林（草）、天然林保护、京津风沙源治理、城市绿化美化等生态工程和工业污染防治、万元 GDP 能耗控制、蓝天工程等环保措施，全县生态环境显著改善。目前，全县森林覆盖率达 30%，林草覆盖率达 61.8%，居内蒙古自治区前列；城区绿化面积 13.3 万平方米，人均公共绿地面积 3.7 平方米，绿化覆盖率达 33.6%；空气质量优良，全年空气质量好于 Ⅱ 级标准的天数稳定在 300 天以上，是北方省份生活和居住的理想之地。此外，凉城县城镇建设、金融、邮电、通信条件完善，功能齐全，互联网覆盖全县。加之近年来凉城县又在岱海区域相继建成了岱海宾馆、中心码头等星级宾馆和日式温泉浴疗城、岱海文化苑、滑雪场、金隅岱海庄园等休闲娱乐场所，也为企业进一步增进对外合作提供了舒适的生活条件和创业环境。

第二节 人文地理野外实习

一、实习目的

观察与实践是学习、研究地理学的重要方法，因此，野外工作对于人文地理学就有着重要意义。人文地理野外综合实习的目的分为以下几个方面：

第一，印证课堂上学习的本专业的基本知识，培养并提高学生对人文事象的观察和独立研究的能力以及运用专业理论和方法分析问题、解决问题的能力；

第二，收集实习的第一手资料，为解释相关人文事象的空间特点，探索人地关系规律做准备工作；

第三，发现新的问题，激发新的研究视角和兴趣点，培养科学探险精神。

第四，开阔视野，增加阅历，为将来从事中学地理教学、管理及相关专业研究打下良好的专业基础。

此外，人文地理学野外实习还可激发学生的爱国主义情怀，增强其建设祖国的责任感和使命感。

二、实习环节

（一）实习第一阶段：准备阶段

人文地理野外实习教学一直采取教师带领下的统一线路实习和学生为主导的小组专题实习相结合的方式。教师统一带领下的集体实习，主要由以下环节组成：实习计划的制订—实践小组的安排—确定实习专题内容—实习落实—实习准备等。实习计划制订，确定实习时间、具体实习内容及实习带队教师；根据凉城县的人文地理环境变化，设计专题内容；进行实习小组的分组；联系各个实习部门，确定实习路线；举行动员大会，准备实习用品。分小组实习，主要涉及多个环节，具体包括：分组进行实习方案的制定和实习线路的设计、分组进行汇报和讨论、实习内容和线路的优化，进行文献查阅和问卷设计等。分组讨论和汇报的过程中，小组之间交流看法，同时指导教师给予建议和指导，优化实习内容和线路。本环节的完成应充分体现学生的主导地位，从技术路线制订、研究方法选择、数据采集、研究报告写作和成果总结等由小组成员之间合作完成。

（二）实习第二阶段：实地考察阶段

教师全程带领学生，适当安排实习活动。具体而言，就是教师带领学生，按照指导书走预定的实习线路，到达实习地点，实施具体的考察。在此过程中，要注意听取部门专业人员介绍，沿途做好记录，包括调查结果、心得等。

小组分散实习则是各小组在组长的组织下，到特定的实习地点，运用访谈、问卷调查、数据统计等方法，获取第一手数据资料进行分析。

(三) 实习第三阶段：实习汇报与成绩评定

实习结束后，学生分别完成总实习报告及专题报告。其中，实习专题报告总结汇报环节、动态和综合评价非常重要。实习后的学习结果评价反映了学生此次实习的成果和不足之处，对于学生今后的学习有极大帮助。同时，由于一些学生在实习中"走过场"，而单纯以实习报告评定成绩难以反映学生的具体表现，因而，需要注重动态考核，以此激发学生学习的动力，促进学生在实习中自律。

实习成绩综合评定主要由三个部分组成：教师评价、小组间互评及组内成员互评。

三、人文地理野外实习具体内容

(一) 追溯古老文化

凉城早在距今 6000 年前的远古时代就有人类繁衍生息，是历史上中原经济文化与草原经济文化交流的结合点和军事要冲。从战国的赵武灵王胡服骑射，开辟疆土，到秦汉时代与匈奴长期对峙，从南北朝北魏政权的形成和发展，到成吉思汗、忽必烈、康熙帝在这一带的活动，以及抗战时期根据地的建立，都在凉城留下了一道道历史痕迹，其历史文化内涵值得深入挖掘。

1. 追溯生命之起源

20 世纪 80 年代，在凉城县曹碾满族乡，出土了我国第一块禽龙化石（现存于内蒙古博物馆，如图 9-1 所示）。禽龙生活在中生代侏罗纪晚期至白垩纪早期（距今一亿四千万至一亿年前），体长十米左右，其构造颇像现代鸟禽，它是恐龙家族中的重要一员。禽龙化石的发现，证明了在一亿四千万年前，岱海周边有生命活动。

鸵鸟蛋化石（见图 9-2）出土于凉城县永兴镇永兴水库的黄土坡上，是在 20 世纪 60 年代修建水库时发现的，遗址距县城约 15 公里。鸵鸟蛋化石的发现，为研究凉城县生物史、古地理、古气候演化提供了重要的科学依据。

2. 仰韶文化的杰出代表——王墓山遗址

王墓山遗址（见图 9-3）位于岱海南岸 3 公里处。经考古专家的鉴定和证实，王墓山遗址属仰韶文化中晚期，距今已有 6 000 多年的历史。

图 9-1 禽龙化石

图 9-2 鸵鸟蛋化石

图 9-3 王墓山古人类房屋遗址

1986年夏，凉城文物考察队对王墓山遗址进行了细致的调查。1987年，内蒙古文物考古研究所对其进行了清理和试掘。王墓山遗址分为3处，分布在不同高度的台地之上，从中发现房屋遗址20座，其中"两面坡"房屋遗址代表了同时期全国最高建筑水平；发现可鉴定的动物骨骼标本108件，还有部分陶制器皿和各类同时期先进生产工具。

著名考古学家苏秉琦认为：史前时期，岱海地区的农业生产水平以及家畜饲养水平，与国内其他地区相比较，处于领先行列中，并赞誉其为"人文始祖"。

3. 龙山早期城市之起源——老虎山遗址

老虎山城址（见图9-4）位于乌兰察布市凉城县永兴镇北5公里的老虎山南坡，从1982年起由我区著名考古专家田广金开始组织发掘，经过一年时间基本清理出老虎山城址，其四周有高出地表的石墙环绕，总面积约13万立方米，已清理房址70座、灰坑38座、窑址6座、墓葬8座。出土陶器481件、石器214件，骨、牙、角器16件。从1986年开始，考古工作者又陆续发现西白玉、狐子山、板城、园子沟、合用窑等遗址，经过发掘，发现这些地方的文化与老虎山文化有许多相似之处，就用老虎山文化统一命名。此遗址，是一处距今约5 000年的新石器时代遗存。据考证，其所处年代距今4 800~4 300年间。

图9-4 老虎山遗址

大约在5000年前，早已掌握了石砌围墙技术的红山文化居民的后裔开始西进，与末期小口尖底瓶（仰韶文化系）人群融合，在中国北方迸发出第二次文明的火花——老虎山文化，其标志是石城聚落群和三空袋足器的出现。

凉城老虎山城址保存完整，布局清楚，是一处复原得比较完整的聚落遗址。这类遗存，目前在国内尚属罕见，它对于探讨该区相当龙山早期阶段的社会形态、文化性质等，无疑提供了重要资料。经发掘和铲探查明，遗址分布在高低不等的几级台地上，每个台地上的房子以二三间为一组排列，门多向东南。在石墙外西南方发现大片窑址，根据地层堆积和文化特征，初步可分为两期，早期比庙底沟二期文化稍早，晚期与之相当。早晚两期是一脉相承发展起来的地方性文化。

老虎山遗址位于山坡凹地上，平面呈簸箕状，遗址内发现依山坡台地修建的70座长方形或凸字形房屋。城外的低洼处有当时的窑场，已发现三座馒头形窑、泥坑、工作台和陶坯、泥条等，石墙沿两侧山脊而上与山顶约40米见方的方形石圈相连，西北至东南38米，东北至西南宽31米。城墙的北部和东北部保存稍好，残墙高0.3米，宽约1米，西墙、南墙因坡度较大，破坏较严重，但其走向仍然十分清晰。整个石墙依山势走向修建，呈不规则的簸箕状，上窄下宽。石围墙的发现，为探讨我国城市的起源提供了新的资料。这座石头墙垣系迄今为止全国考古发现的最早城垣建筑之一，虽然它还不具备正规城市建筑的特色，但是明显地属城市雏形，堪称城市建筑的发源地之一是毫无疑问的。

从老虎山半山坡比较密集的家室遗址和石头圈防卫系统来看，老虎山是当地远古人类的重要依托。生活在这里的古代人类开始过上定居性生活，从事着原始狩猎、畜牧为主的大农业生产，并初步掌握了建筑、雕刻、绘画等方面的技艺。

此外发现了全国唯一完整的鬲体系文物——三足鬲（见图9-5），从尖底至圆底鬲无一缺少，这为探讨鬲的起源及发展提供了极其珍贵的标本。

图9-5 三足鬲

老虎山文化的石城聚落群和式鬲诞生后，积极向南和向东发展，促进了这些地区"方国"的形成和发展。

向南，沿汾河谷地南下时，首先占据晋中盆地以北地区，再向南直接影响"陶寺古国"文明的出现。从陶寺发现的圜底腹到三袋足捏合成型的鬲的完整序列看，其祖型应是老虎山文化的尖底腹，说明北方式鬲在陶寺占有重要位置。然后，又吸收了南方和东方诸多文化因素，融汇成诸如陶寺墓地所反映出的较高文明程度的文化。

向东，老虎山文化的石城聚落群及伴随的鬲形器，经张家口地区，影响到夏家店下层文化的发展。

老虎山文化是内蒙古中南部，乃至整个北方地区龙山时代考古学文化不可分割的组成部分。它的一系列重要发现，为我们认识和理解北方地区早期的社会状况提供了珍贵资料。

1980年5月10日内蒙古自治区人民政府公布，老虎山遗址被列入自治区第二批重点文物保护单位。2001年6月，老虎山遗址被确定为全国重点文物保护单位，内蒙古文物考古研究所在这里设立了考古研究点。该遗址对于探讨内蒙古中南部地区原始社会晚期的社会形态、经济状况、文化性质以及我国北方地区的古城、古国、古文化的起源与发展都有十分重要的科学价值。

4. 龙山早期的"高楼大厦"——园子沟遗址

1986年，凉城县文物普查队发现园子沟古人类聚落遗址后，引起了内蒙古文物考古研究所的重视，并且证实这是一处龙山文化早期的人聚落遗址，距今已有5000年的历史。园子沟遗址（见图9-6）的发现，在1987年被列入全国重大考古发现之一，遗址挖掘出来的全是土窑洞，大多是两间或三间为一组，按山坡台地的自然起伏分成5~6排，构成梯形结构，在山上错落有致地排列着。窑洞的建筑结构特点是门向东或东北，洞内有圆形的火灶和火炕，地面和炕上涂有白灰膏，说明早期人类已具有很高的技术研制水平，反映了原始社会新石器时期北方地区人类生活文明程度。园子沟遗址还发现陶罐、盆、壶、磨光石斧、骨锥等300余件。1991年10月经凉城县人民政府批准，园子沟遗址列入凉城第一批重点文物保护单位。

图9-6 园子沟遗址

园子沟遗址位于内蒙古自治区乌兰察布市凉城县三苏木乡园子沟村北的山坡台地上。遗址背山面水，南距岱海3公里。遗址自南向北可分为三个台地。这是一处目前在全国所发现的原始社会时期窑洞式房屋遗址中，规模最大、保存窑洞最多，并且是保存最完好的遗址。

园子沟遗址是1986年到1988年由考古工作者进行考古发掘的，共发掘和清理了87座房屋，已经探明尚未发掘的还有好几十座。在园子沟遗址中，房子又分为三个小区，在每一个小区内又依地形的高低程度，将房子建在层层台地上，大致分为5排左右。这种聚落内部的划分，可能反映园子沟的先民们是存在着不同层次的社会结构的。

园子沟遗址中的每一座窑洞式房屋大致都分为前后两个部分，前室是半地穴式的房屋，有灶和生活用品陶器或生产工具等，是炊事、就餐和其他家事活动的场所。后室是凸字形窑洞式房屋，地面抹有白灰，房屋中间设火塘，窑洞洞壁也用白灰抹约1米高的墙裙，显得窑洞内很光洁而又舒适，这当是专供寝卧用的。这种房屋结构可以说是中国古建筑中前堂后室的原型。窑洞式房屋现今在中国北方的陕西、山西、内蒙古等地仍常见，由此看来，窑洞式房屋的历史是源远流长的。这种房屋冬暖夏凉而且经济实惠，但必须具备一定的地理环境条件，如地下水位低、黄土堆积发达而且是立土等，才能修建窑洞式房屋。在园子沟众多的窑洞式房屋中，有的窑洞前的建筑不太完善，而有的则是两组房屋在前面建在一起，合用一个活动场所，这些现象可能是反映园子沟聚落中有着不同的家庭结构存在。在园子沟遗址中出土了一批丰富的文物，根据地层以及遗迹、遗物的研究，园子沟遗址的时代与凉城老虎山遗址时代大致相当，为相当中原龙山文化早期，即推测为距今4800年前后到距今4300年前后。

由于园子沟遗址窑洞式前后间房屋的发现，使内蒙古中南部4000～5000年的考古学文化增加了新内容。园子沟遗址房子后间为窑洞式凸字形白灰面房屋，做工又很讲究，而前间半地穴式房屋建筑较粗糙，保存不太好。从园子沟遗址的后间窑洞式房屋的平面形状、使用材料以及建造方式来看，均与老虎山遗址的凸字形白灰面房址基本相同，因此老虎山遗址中的凸字形白灰面房屋也应是窑洞式房屋，而且两处遗址的出土文物也颇相似，只因老虎山遗址坡度太陡，又向阳，水土流失使房屋受到严重破坏，所以无法保存下来，仅仅剩下一个浅底了。在鄂尔多斯东部准格尔旗二里半古城梁区，也发现有前后相连的双间房屋，而且后间残存的两侧墙都均匀地向内倾斜，这可能也是窑洞式房屋。内蒙古中南部从岱海到黄河两岸，同一发展阶段房屋遗址的一致性，是很值得研究的。园子沟遗址与老虎山遗址时代相当，遗物又相似。两处相比较，老虎山遗址比园子沟遗址面积大，并且还有保存较好的石围墙。同时，老虎山遗址内有大房子，而园子沟没有。此外，在陶窑的规模上，老虎山遗址在石围墙外有成片的窑址区，这当是集体手工业作坊，而园子沟遗址的窑址都在遗址内，有的建有专门的房子，而有的就建在房屋附近，规模远不及老虎山遗址大。因此，老虎山遗址比园子沟遗址显得更重要些。虽然老虎山遗址比园子沟遗址重要，但是因为老虎山遗址保存得远不及园子沟遗址好，园子沟遗址能为研究工作提供多方面的资料，所以园子沟遗址与老虎山遗址同为岱海地区相当中原龙山文化早期的主要代表遗址。

(二) 聆听佛音——体验宗教文化

1. 汇祥寺

在碧波荡漾的岱海湖北岸，苍松拥翠的洞金山南麓，曾经雄峙着一座内蒙古地区规模宏大、气势玄妙的清代寺庙——汇祥寺，目前三苏木乡东北存有其遗址。

汇祥寺，藏语名为"郝特老毕力格"，当地人俗称"大庙""大庙坡"。该庙建于清朝初年，采用砖瓦木结构修筑而成，占地面积达26亩之多，其工艺精湛，令人叹为观止。该庙主体建筑大殿，亦曰正殿、佛殿，由三进两殿组成，呈正方形两层楼模式，共设置182个房间，每层均为91间，前后呼应，浑然一体，造型细腻，别具特色。殿内铜铸佛像数不胜数，线条明快，形态逼真；陈列《佛出世经》《因果经》《金刚经》等各种经典上万卷（册），每卷各有锦箧，锦箧大都为汉、满文并书，也有只用汉文书写的，其中不乏稀世珍品。

大殿前（南）门楣悬挂康熙帝亲笔御赐"汇祥寺"匾额，字体苍劲有力，格外引人注目，门前铺设石板台阶，平整规范，自然坚固，体现了清康熙年间的装饰风格。

问世后的汇祥寺，庙宇连绵，佛殿玄宏，高台低阁，曲径通幽，到处描龙绘凤，满眼金碧辉煌，常年祥云飘绕，终日香火不绝，拜佛诵经之声随时可闻。大殿及其东西侧房的彩色壁画，取材于民间传说故事和文学名著中的英雄人物。各种人物形象栩栩如生，使人如临其境。这座庙宇是凝结了广大劳动人民智慧和心血的历史文化古迹。一度展现了内蒙古地区特有的神奇而又迷人的宗教色彩。

1995年由呼市观音寺联络其他寺庙在大庙旧址西北处共同筹资兴建了龙华三会寺五佛殿。

2. 龙华三会寺

龙华三会寺（见图9-7）位于内蒙古乌兰察布市凉城县岱海镇三苏木大队大庙村（坐落于温泉小镇旅游景区内）。凉城县地处内蒙古高原中南部偏西的地区，自然生态良好，风景优美，山清水秀，蓝天白云。龙华三会寺距县城20公里，距岱海5公里，距呼和浩特市120公里，距北京400公里。龙华三会寺位于凉城县洞金山卧佛东，汇祥寺遗址西北处，1995年2月由呼市观音寺联络其他寺庙共同筹资兴建，又称龙华三会寺五佛殿。佛殿中央供有汉白玉佛一尊，东、北、西、南四方佛塑其两侧。大殿建筑为砖木结构，殿内法物齐备，陈放有致，五尊佛像金碧辉煌，给人以庄严肃穆之感，俗称"镇山如来"。三会寺右瞻洞金山卧佛，北冠松山苍柏，左倚汇祥古寺，南眺岱海波涛，可谓一方风水宝刹。该寺的复原不仅对宗教、旅游有积极意义，还为一些学者、专家的研究提供了帮助。

图 9-7 龙华三会寺

龙华三会寺总体规划布局（见图 9-8）具有一定的特点，主要由以下几个部分组成：

图 9-8 龙华三会寺规划

（1）广场：山门前停车区广场三级平台占地 70 000 平方米，由凉城县政府投资建设。寺院原来规划的（九龙琉璃照壁、平安桥、放生池、牌楼、石狮、旗杆、景山、喷泉、尊圣塔）未能实现。

（2）主要殿堂：从中轴线南起天王殿（山门）、钟楼、鼓楼、小边门、龙华宝殿、万佛宝殿、五佛宝殿、卧佛宝殿、法堂藏经楼、方丈室。

（3）左右轴线殿堂：东西两侧跨院，从南起观音殿、地藏殿、文殊殿、普贤殿、祖师殿、极乐殿。

（4）附属房屋建筑群：东西厢房，从南起延生堂、功德堂、客堂、上客堂、法物流通处、库房（财会室）、图书馆（法宝阅览室）、贵宾接待室、会议室、财务管理委员会、电脑打印室、消防安全防护室。

（5）生活区建筑群：车库、素斋园、茶园、大库房（米面粮油水果蔬菜）食品加工室、配电室、供暖锅炉房、饮水室、理发室、医务室、僧众僚、居士僚、净室（卫生间）、云水堂、治安室。

（6）教学文化区：教学培训讲堂、佛学文化院、佛学交流中心。

（7）静（净）修区：禅堂、念佛堂、闭关房、龙华宝塔。

（8）老年如意僚：归西堂、化身窑、海会塔。

（9）2013年、2014年、2015年又实施扩建和新建了一批。

（三）传承革命精神

1. 绥蒙革命纪念地

凉城是一片红色和英雄的土地，在抗日战争和解放战争期间，发生在凉城的大小战役不计其数，绥南根据地更是大青山游击根据地与晋西北联系的咽喉要道，是延安根据地向东北挺进的桥头堡。为了记录在内蒙古境内发生的各历史时期的革命活动，国家于2011年确定在凉城县建立红色旅游经典景区绥蒙革命纪念园，全国共有127处，绥蒙革命纪念园是其中之一，并被纳入《国家"十二五"时期文化改革发展规划纲要》中进行重点建设，是内蒙古自治区成立70周年献礼工程。

凉城县所在的内蒙古中西部地区在清朝时期称为绥远道，归治于山西省，民国时期划为绥远省，1954年后与众多省区合并为内蒙古自治区。绥蒙地区革命在中国革命史的历史地位非常重要，1947年5月1日内蒙古自治区已经成立，早于新中国成立2年多，绥蒙地区被列入全国红色旅游经典景区名录。

纪念地记录了绥蒙革命、大青山抗日游击根据地发生的众多革命英雄事迹，见证了绥蒙地区少数民族与汉族团结一致，在中国共产党的领导下共同抵抗日本帝国主义侵略的光辉历史，包含有凉城县境内的一系列纪念园、革命遗址组成，包括：贺龙革命活动遗址纪念馆、田家镇惨案遗址、绥南专署遗址、蛮汉山隐藏伤员遗址、厂汉营革命烈士陵园、天城村战斗遗址、鞍山革命烈士陵园等9个主要景点。在党中央高度重视下，绥蒙革命文化园也已经建设完成，很快就能开放供游客参观。绥蒙革命纪念地通过挖掘在绥蒙革命中，蒙、汉各民族在党和八路军的领导下团结斗争的史实，真实地展现了在血雨腥风的革命战争年代，英雄的内蒙古儿女为新中国的解放作出的艰苦奋斗的历史篇章。

凉城县是内蒙古自治区重要的革命老区之一，在这里党中央建立了绥蒙地区第一个抗日根据地,与日本帝国主义长期开展艰苦的斗争,因此,凉城县不仅拥有众多的革命遗址,还有很多艰苦斗争的英雄事迹广为流传,对于发展红色旅游树立了良好的基础条件,特别是近几年来对党员开展红色教育具有重要意义。发展特色旅游重点开发红色旅游景区在弘扬爱国主义教育传统的同时,能够推动革命老区经济发展,有助于提供大量的就业岗位,实现精准扶贫。

2. 贺龙革命活动旧址

贺龙革命活动旧址位于内蒙古自治区乌兰察布市凉城县井沟教堂院内,占地面积约2亩。旧址分为3个陈列室,其中分设贺龙革命活动历程、凉城革命斗争史和历史文物陈列三部分,在陈列中复原了当年贺龙同志的居室与办公室(见图9-9)。展览主要通过历史照片和有关资料以及征集到的文物,介绍了贺龙同志的革命事迹。馆长方宏明告诉记者,1987年开馆以来,来这里参观的人数逐年增多,平均每年接待参观人数达万余人(次)。特别是随着"红色旅游"事业的开展,每逢休假日接待来自各地的游客几百人。贺龙革命活动旧址于1995年被确定为乌兰察布爱国主义教育基地,1996年被确定为内蒙古自治区爱国主义教育基地,同年被公布为内蒙古自治区重点文物保护单位。

图9-9 贺龙革命纪念馆

(四)丰富的旅游资源

1. 岱海旅游度假区

岱海旅游度假区(见图9-10)生态环境优越,山水辉映,林草茂盛;交通条件便利,呼阳公路横卧其中,京包铁路、京呼高速擦边而过,西距呼和浩特100km,南距大同110km,北距乌兰察布60km,东距张家口250km,距首都北京400km,区域优势明显。

图 9-10 岱海旅游度假区

岱海旅游度假区有"草原蓝宝石塞外神泉"之美誉，位于凉城县境内。旅游区生态环境优越，山水辉映，林草茂盛；交通条件便利。

古往今来，岱海吸引着无数游人。历代达官贵人，文人墨客前来观赏其"鸿鹜成群，风涛大作，浪高丈余，若林立，若云重"的自然美景。是内蒙古中部地区最大的内陆湖，湖面面积160平方公里，有29种鱼类在此生长。湖的四周滩川广阔，林木茂盛。

湖的北面有一个温泉，为重碳酸钠型弱矿化热水，地表水温38℃。水中含有锶、锂、锌、硒等十七种对人体有益的微量元素，对治疗多种疾病有显效。在温泉以北的山中，有一睡佛，近看是山，远看是佛，眼、耳、鼻极为形象。

岱海南北长10公里，东西宽35公里。盛夏时节，略呈椭圆形的岱海宛如莲叶初露，翠色可人。岱海在历史上文字记载甚详。汉代称"诸闻泽"，北魏叫"葫芦海"，宋元时代称"鸳鸯泊"，清代蒙古人称为"岱根塔拉"，后称岱海沿用至今。

目前该旅游区内建设有度假村，温泉浴池，住宿用蒙古包、游船码头、餐厅、游乐场所等多种设施，开展有游泳、划船、温泉浴疗、篝火晚会等活动项目。

闻名塞外的岱海湖泊，位于内蒙古自治区乌兰察布市凉城县境内，总面积26万亩，湖外芦苇总面积2.5万多亩。近年来，内蒙古岱海保护建设发展有限公司投资建设内蒙古乌兰察布市凉城县岱海旅游景区以来，该公司共投资近4亿元建设了岱海宾馆、岱海旅游中心、岱海温泉洗浴城、岱海滑雪场、岱海文化苑和岱海旅游学校等多个项目，在130平方公里的岱海湖周围，一个适合休闲度假、会议旅游的新岱海景区已经形成。

岱海南北长10km，东西宽35km。盛夏时节，略呈椭圆形的岱海宛如莲叶初露，翠色可人。岱海在历史上文字记载甚详。古往今来，岱海吸引着无数游人。历代达官贵人，文人墨客前来观赏其"鸿鹜成群，风涛大作，浪高丈余，若林立，若云重"的自然美景。清朝时期康熙多次巡边来到岱海，看准了这块风水宝地，并在此兴建了行宫，取名"凉城"，为岱海题名"天池"。行宫后来改名为汇祥寺，曾为内蒙古规模宏大的召庙之一，1939年毁于战火。蛮汉山的38 000亩原始次生林中，有数十各野生动物，是国家级森林公园，北侧山峰下有佛爷洞、金水岭、万年冰窖等景观奇特，是观光旅游的好去处。岱海旅游区名胜景点众多，站在汇祥寺遗址西望，洞金山睡佛神态安详，形象逼真，佛学大师赵朴初称其为大自然罕见景象。旅游区内有距今5 000年之久的塞外北国龙山早期文化，老虎山石城遗址和园子沟窑洞遗址，还有两条百公里长城——秦汉古长城和明清新长城。

2. 中水塘温泉

中水塘温泉位于内蒙古乌兰察布市凉城县三苏木乡中水塘村，原名"马刨泉"，又因南临岱海，亦称岱海温泉。温热的矿泉水常年溢出，消痛祛病，名扬塞外。即使是地冻三尺的数九天，泉水也不结冰，反而放出腾腾热气，天气越冷，水蒸气越大，水温显得越高，以致使人感到微微烫手，堪称天赐神水、塞外宝泉。

中水塘温泉的形成，传说众多。一说清朝康熙皇帝巡视塞外，当来到凉城县岱海北岸中水塘村时，正值炎炎夏季，烈日当头，骄阳似火，人困马乏。当人们正为无法解渴而发愁时，只见他的坐骑暴啸长嘶，前蹄腾空而起，用力猛刨地面，于是一股清泉喷涌而出。为纪念此事，称此泉为"马刨泉"，并建汇祥寺，砌成温泉池，流传至今。也有传说元世祖忽必烈在岱海北岸的一次征战中陷落深坑，忽然踩塌泉眼水涌溢头，部众看不见他，以为淹死了，就痛哭流涕，那想不一会工夫，元世祖浑身冒着热气湿淋淋地上来了，含笑说："我今天踏脚成泉，热乎乎洗浴，你们不喜也罢，为何哭我早死？"这泉水即今中水塘温泉。野史传说，无从考证，但中水塘温泉最晚形成于清朝确切无疑。据史料记载，每到盛夏，周边各地王公贵族、名人雅士及佛寺僧众皆云集凉城，或朝山拜佛，或传经布施，或坐浴温泉，或观赏岱海，尽享山野情趣。20世纪70年代，由于村民爆破扩泉，结果泉水不仅流量锐减，直至干枯。

1989年5月，内蒙古自治区地质勘探部门经详细勘察，在"马刨泉"附近开钻引泉，于1990年10月新泉竣工。泉水犹如碗口粗的银蛇从井口跃出，蔚为壮观。昔日的"马刨泉"不仅风姿依旧，而且水量大增，据测，泉水常温达38℃，日出水量达2 700吨，是内蒙古罕见的地热资源。1991年夏，岱海温泉浴疗中心典礼开业。如今温泉浴疗中心楼舍重叠。

游客如云，成为塞上一处浴疗游览胜地。泉水中含有锶、锂、锌、硒等多种微量元素，以及一定量的硅酸和微量放射元素，可治愈白癜风、牛皮癣、疮疥、静脉曲张、皮肤过敏、皮肤开裂等各种皮肤疾病，同时对风湿性腰腿疼痛、胃病等也有辅助疗效。它的开发利用前景十分广阔，除能供人们医用外，还能提供有用化学元素和化合物，应用到工业、文化、体育等方面，更可广泛应用到农业方面，如建设地热温室、育种育秧、种植蔬菜、培育菌种、孵化家禽、养殖暖水域鱼类和水生植物等。

20世纪80年代特别是90年代以来,随着旅游事业的快速发展,如今的中水塘温泉区已发展成为集"浴疗、娱乐、餐饮、旅游、住宿"于一体的消夏避暑度假区。其中有包钢度假村、内蒙古邮电度假村、内蒙古电力康乐园、凉城财政温泉度假村、地税培训中心、交通度假村,为游人提供了良好的栖息疗养环境。目前岱海温泉已有多处集洗浴、住宿、餐饮、购物为一体的大型洗浴中心,床位数达数百张之多。随着岱海温泉浴疗中心和与此配套的岱海旅游基地建设项目的不断发展,这里将成为更加引人注目、令人神往的浴疗和游览胜地。

3. 永兴湖

永兴湖(见图9-11)即永兴水库,位于内蒙古自治区乌兰察布市凉城县永兴镇东南部,东西长2公里,南北宽1公里,湖水最深处达8米,是由永兴镇周围的河沟汇集而成。永兴湖有50万年的历史,这里山不高、湖不大,但山水相连、群山环抱、秀丽多姿、田园风光、人文史迹、峰岩奇绝。石龟、外星人、西山乐佛、佛手奇特壮观。原始森林、草原、小河自然清新。烽火台、瀑布、世纪龙、老虎山遗址等为永兴湖增色不少。

图9-11 永兴湖

永兴湖有50万年的历史,这里山不高、湖不大,但山水相连、群山环抱、秀丽多姿、田园风光、人文史迹、峰岩奇绝。石龟、外星人、西山乐佛、佛手奇特壮观。平安洞、海豚等浪漫传说。原始森林、草原、小河自然清新。烽火台、瀑布、世纪龙、老虎山遗址等为永兴湖增色不少。特别是田家镇惨案纪念碑,无声地记录了日本侵略者杀害同胞299人的野蛮行径,使这里成为实施爱国主义教育的重要基地。

永兴湖的山不高,湖水不大,但山水相映,秀丽多姿,群山环抱,湖面如镜,候鸟啼鸣,树影婆娑,空气清新,小河流水等绿色景观,以及篝火晚会,乡土文化,令人陶醉,流连忘返。钓鱼、爬山、游泳、划船、观光,值得一游。在自然景观中，形状各异，栩栩如生让人叫绝。"天下第一神龟"，逼真、形象、奇大，中外游人称之为"绝世珍品"。"外星人""宝黛石"高几十米，粗十几米，高高耸立在永兴湖的西山上，称"世上无双"，怎样形成，无人破解。"飞来石"，怎样飞来，怎样一劈为四，留下串串悬念。"平安洞"的神奇，"海豚痴情"的浪漫，"卧佛"的神秘，"草原风光"的妩媚，给你留下无限的遐想和回味。永兴湖辐射四面，东面有"大庙古遗址"，距今有一万年的历史，西面有忙牛山"山高入云"，原始森林，南面有古城"刹虎口"内蒙古山西的交界处古长城，北面有"哈达山"状似狭谷，站在山上头晕目眩，深不见底，有南方气势。外星人很早以前，不明飞行物降到永兴湖的西山上，人们不敢近前，后一道人经此处，明其祥是外星人化石。该石约有 30 米高，十几米粗，矗立在山顶上。外星人的形象逼真，耳朵、眼睛、鼻子清晰可见，特别是他的嘴巴，仿佛要把世界吞下去，夜阑人静，仿佛听到他的唱歌声，以后人们来这里烧香保佑平安、幸福。

宝黛石：宝黛石位于永兴湖西面的高山上，距湖约有 3 公里。宝黛石高 30 米，粗十几米，气势如磐，雄伟、挺拔。游人到此赞叹不已，仿佛身临其境。一人前往，望而却步。因两块巨石形状似人，而贾宝玉又是石头所为，故称宝黛石。有人说到永兴湖，不到宝黛石，犹如到中国不到长城，终生遗憾。

卧佛：相传吕洞宾早年学艺，路经小村，几条狗追咬吕洞宾不放，这就是"狗咬吕洞宾，不识好坏人"的由来。急忙之中向永兴湖山上跑来，山上的大肚弥勒佛见状，忙用自己的身体仰面保护了吕洞宾。多少年后，吕洞宾修成正果，为感谢弥勒佛相救之恩，点石为卧佛，点几条恶狗为石，常年为弥勒佛守护。

平安洞：据传说八仙早年在永兴湖修炼，一天许多石块从天而降，一看不好，都急忙钻进平安洞，躲过灾难。事后方知是孙悟空闹天宫所为。为感谢石洞的相救，封为平安洞。

永兴湖世纪龙：博采众长，塑造了二龙戏珠，每条龙长 10 米，高 2 米，既体现了龙的威武，又有新世纪的时代感。我国民间中传说龙具有无边的神力，行云布雨，造福老百姓。龙代表着权威、勇气、福寿。我们建"世纪龙"为的是留下永久的纪念，为的是祝福祖国似龙腾飞，为的是来这里的游客似龙福寿、安康、腾飞。天下第一神龟传说八仙韩湘子在永兴湖练功，一天狂风扑来，把韩湘子卷入湖中，几经挣扎，游不上岸，眼见就要遇难，湖中的乌龟听到救命声，沉入水底，用尽平生的力气，把韩湘子救上岸。乌龟太累，无力回湖。日久变为乌龟石。乌龟舍己救人的事，感动了上帝，封为"天下第一神龟"，韩湘子为感谢乌龟救命之恩，练就吹笛为乌龟解闷。成了人们幸福、长寿、美好的象征。

飞来石：据考证，大约在 50 万处前，一颗重几百万吨的陨石从天而降，落在永兴山，砸出了现在的永兴湖，溅起的陨石又散落在四周的山上，形成现在众多的怪石。年中一块奇石，随着日月的变迁，有了灵气，太上老君知晓，报于玉帝。玉帝怕再有一个石猴变为孙悟空。于是命雷电二神把这块陨石劈为四块，现清晰可见，这是神话，但巨大的陨石成为四块，一直是个谜，无人破译。

海豚痴情：很久以前，周围的百姓每年在永兴湖举行庙会，人来人往，热闹非凡。这年，湖中海豚听得入神，看得痴迷，不想回湖。变为今天石化的模样，感受人间美好生活。传说海豚看中唱戏一美女，长期等待和她约会，美女始终没有来，小海豚伤心地掉下了眼泪。此为海豚痴情的故事。

4. 鸿茅药酒的故乡

内蒙古鸿茅药业有限责任公司位于乌兰察布市凉城县鸿茅镇，是一家以中医药酒为核心主业，集生产、科研、营销、服务为一体的现代制药企业。鸿茅药业所在地乌兰察布市位于燕山—太行山集中连片特困地区，凉城县是一类革命老区县，2019年4月方退出自治区贫困旗县序列。鸿茅药业拥有悠久的历史，最早可以追溯到开办于清乾隆四年的厂汉营"崇德堂"医馆，1962年后，这里成为一家地方国营企业，几经起落，到2006年10月重组前，已是多年停产，濒临倒闭，鸿茅药酒这个近三百年的经典名方也濒临失传。重组后的鸿茅药业，经过十余年艰苦创业，已经由一个边远县域小厂成长为全国知名的少数民族地区医药企业，成为凉城县脱贫攻坚和自治区民营经济发展的代表性企业。公司发挥产业龙头优势，努力做到"发展一个产业、带动一方经济、富裕一方百姓"，在帮扶贫困地区发展中药种植基地、扩大地方就业、推动区域文化旅游业等方面都做出了积极的贡献。

鸿茅文化馆（见图9-12）是目前内蒙古自治区唯一一座非物质文化遗产的专题文化馆。鸿茅药酒起源于1739年，至今有近300年的历史。它是由山西名医王吉天创始，方中含有67味名贵中草药材，经过八步69道工序酿制而成。2008年鸿茅药酒独特而神秘的传统制作工艺成为中华民族的"非物质文化遗产"；2010年被评为"中华老字号"、又陆续获得国药准字、中国驰名商标、国家级高新技术企业等称号。全馆分为九部分，基本陈列由实景组图、文献史料、实物器具等组成。

图9-12 鸿茅文化馆

四、人文地理野外实习路线

路线1：通过参观王墓山遗址、老虎山遗址、园子沟遗址等环岱海遗址群，了解鲜卑文化、游牧文化、长城文化等历史文化。具体路线安排为：王墓山遗址—老虎山遗址—园子沟遗址。

路线2：以绥南地委专署旧址、贺龙革命活动旧址两个旧址为载体，挖掘红色文化，传承革命精神。具体路线为：绥蒙革命纪念地—贺龙革命活动。

路线3：通过了解岱海观光，以发展"观光旅游"为主要内容，深入挖掘岱海悠久的历史文化内涵，了解如何依托岱海湿地资源，大力发展生态观光游、避暑度假游、休闲自驾游等。通过参观温泉度假区，以"养生度假"为定位，深入挖掘温泉沐浴文化、养生文化、休闲文化、度假文化。具体路线为：岱海旅游区—中水塘温泉。

路线4：通过参观汇祥寺和永兴湖，感受大自然的魅力，聆听佛音，体验宗教文化。具体路线为：汇祥寺—永兴湖。

路线5：挖掘整理以鸿茅文化为代表的走西口文化，挖掘汉、蒙、满等民族文化，大力发展民俗文化。具体路线为：鸿茅文化馆。

五、人文地理野外实习存在的问题与对策

(一) 问题

1. 野外实习基地建设不完善

目前几个实习基地建设也不尽完善，主要体现在实习基地建设规划以及相应的工作制度落实力度不够，特别是缺乏学院与实习单位共同制订的实习工作年度计划，并且学院与野外实习基地没有较好地制定一整套双方切实可行的措施，管理较为随意，仅是局限于每年学生野外实习时，实习基地仅配合提供基本的资料，双方配合没有形成一套标准化的实习规范，这样难以确保实习质量和实习工作任务的圆满完成。

2. 实习设计精细化程度不够

人文地理野外实习可以把地理学研究的多种基本方法，如野外观察、野外调查与访谈、地理制图与空间分析、统计分析等技术与方法应用到实习过程中，让学生在实际应用中熟练掌握。但目前人文地理野外实习的精细化程度不够，实习目标、实际路线设计较为粗略，再加上实习区域和实习内容受限于经费和安全问题，难以开展长时间、长距离的人文地理野外实习，一般都选择就近，使得一些实习项目无法开展或实习内容缩减，这些都使得实习效果大打折扣。

3. 实习监督体系不健全

通过野外实习，需要学生基本达到预期的教学目的，学生的实践能力和实际操

作能力能够得到实质的提高,但是要实现这个目标,完整系统的实习方案必不可少,目前人文地理野外实习缺乏精细化的指导教材,实习指导书较简化。再加上部分学生主动性和压力不够,并且实习一般是分小组进行,部分没有认识到这是提高自身实践力、提高解决问题能力机会的学生就会在实习过程中偷懒,而人文地理野外实习由于监督体系不健全,特别是没有制定规范的实习工作认定标准、精准考核每个学生的实习工作量和质量,导致评分会出现不公平现象,同时部分学生实习收获较差。

(二) 对策

1. 加强实习基地管理

实习基地建设直接关系到教学实习质量,对于高素质人才的实践能力和创新、创业能力培养有着十分重要的作用①。实习基地需要为实习师生进入实习区域前提供各种基础保障。因此,学校应该继续加强实习基地的管理,校外本科教学实习基地由学校与有关企事业单位协商共同建立。选择实习基地的时候尽量就近就地、相对稳定和交通便利。所建的实习基地应相对稳定,长期与之合作为学生提供长期实践的机会,也是学生联系社会,服务社会的窗口。所建的实习基地应有较好的发展前景,能够满足不断发展的实践教学实践的要求,能够"学、研、产"相结合。并且双方应该通过合同的方式明确实习的内容、时间、组织结构建设、实习经费及落实以及双方在实习中的责、权、利等内容。学院应加强与校外实习基地的联系与管理,每年年初应根据实习教学要求制订实习基地工作计划,年末要对校外实习基地工作情况进行总结,并将计划和总结报教务处备案;应定期或不定期对校外实习基地进行检查评估,对不能满足要求的实习基地即使整改和调整。

2. 完善野外实习精细化设计

通过野外实习,一方面可以提高学生动手动脑的能力,同时师生在实习过程中应该不断完善专业的实习方案,同时可以在大一、大二学年的基础上,充分调动学生的学习积极性,在实习前将实习方案对其进行充分讲解,给足学生时间按照自己的兴趣和爱好进行自主选择主体和设计实习内容。同时,应从教学经费中拨出一定的比例用于学生的野外实习以及实习基地的建设和发展,实现节约人力物力、区域可达性高,学生安全易控,教学组织高效的地理科学师范本科专业人文地理野外实习。

3. 健全实习监督体系

首先,做好实习前动员和培训工作,要求学生充分理解实习的目的、内容和要求。并对学生进行实习前培训,以让学生进入实习角色,使其掌握收集资料的方法

---

① 李孝坤、冯维波、翁才银等:《人文地理实践教学体系构建与实现路径探讨》,载于《教育与教学研究》2011年第4期,第83~86页。

和途径。重理论轻实践是高校教师中存在的一种普遍现象，实践基地的建设只是理论教学的一种补充。在这种思想的指导下，实习教师很难全身心投入实习工作中。必须提高实习师生对实习工作的重视程度，调动他们实习的积极性；同时，老师在校内先编制好实习手册，制定好详细的实习方案和实施方案，明确实习相关的内容、范围、目的、技术路线、经费使用、技术依据、进度安排等等。另外还需要制定学生实习管理办法，对学生实习过程中各个环节和工作量进行明确的规定；另外，对实习指导老师也要实行监督，明确指导教师在实习中的工作内容、主要责任等。

主要参考文献

[1] R. J. 约翰斯顿:《人文地理学词典》,柴彦威等,译,商务印书馆 2004 年版。

[2] 登特:《土壤调查与土地评价》,倪绍祥,译,农业出版社 1988 年版。

[3] 地质矿产部地质辞典办公室:《地质大辞典》,地质出版社 2005 年版。

[4] 范中桥、赵洪军:《人文教育专业地理野外实习几个问题探讨》,载于《高等理科教育》2009 年第 4 期。

[5] 黄昌勇:《土壤学》,中国农业出版社 2000 年版。

[6] 贾建丽等:《环境土壤学(第二版)》,化学工业出版社 2016 年版。

[7] 蒋海兵、凌申、商硕:《地方高师人文地理短途实习线路设计——以盐城市实验基地为例》,载于《高校实验室工作研究》2007 年第 4 期。

[8] 李孝坤、冯维波、翁才银等:《人文地理实践教学体系构建与实现路径探讨》,载于《教育与教学研究》2011 年第 4 期。

[9] 林晖、张捷、杨萍等:《空间综合人文学与社会科学研究进展》,载于《地球信息科学》2006 年第 2 期。

[10] 吕贻忠:《土壤学》,中国农业出版社 2006 年版。

[11] 米文宝主编:《地理学实习原理、方法与实践》,宁夏人民出版社 2016 年版。

[12] 全国土壤普查办公室:《中国土壤普查技术》,中国农业出版社 1992 年版。

[13] 尚荣寰、吕金福:《地理野外实习指导》,东北师范大学出版社 1988 年版。

[14] 王国梁:《高校人文地理学探究式教学模式实践》,载于《中国大学教学》2010 年第 7 期。

[15] 王考、银山:《凉城县土地利用现状分析和可持续利用研究》,载于《干旱区资源与环境》2004 年第 9 期。

[16] 王明珠:《应用主组元分析对我国红壤系列分类的初步探讨》,载于《土壤》1983 年第 2 期。

[17] 王文:《构建"四出三环一飞"交通网络迈出建设文化旅游强县坚实步

伐——凉城县全力推进旅游与交通融合发展》，载于《实践：思想理论版》2017 年第 12 期。

[18] 王义民、苏华：《高师人文地理野外实习的现状与发展趋势研究》，载于《实验室科学》2011 年第 1 期。

[19] 魏浩：《内蒙古凉城县南伙房地区矿产地质调查与找矿前景》，北京科技大学硕士学位论文，2007 年。

[20] 乌兰察布市凉城县志编辑委员会：《凉城县志》，内蒙古人民出版社 1993 年版。

[21] 吴启堂：《环境土壤学》，中国农业出版社 2015 年版。

[22] 吴泰然、何国琦：《普通地质学》第 2 版，北京大学出版社 2011 年版。

[23] 徐咏文、段萍、罗志华：《浅析中国土壤分类的发生与现状》，载于《安徽农业科学》2005 年第 10 期。

[24] 杨载田：《高师人文地理课程建设的创新》，载于《福建地理》2004 年第 2 期。

[25] 张风荣：《关于褐土分类的建议》，载于《土壤》1989 年第 2 期。

[26] 张俊民、过兴度、张玉庚、曲克健：《试论土壤的地带性和土壤分类——以棕壤、褐土为例》，载于《土壤》1986 年第 1 期。

[27] 张丽娟、刘树庆、李彦慧、姚金萍：《栗钙土有机物料的腐解特征及土壤有机质调控》，载于《土壤通报》2001 年第 5 期。

[28] 张晓芳：《人文地理学短途实习的设计和探讨——以苏州市木渎镇实习基地为例》，载于《西部素质教育》2017 年第 21 期。

[29] 张玉清、张婷、陈海东、张永清：《内蒙古凉城蛮汉山石榴石二长花岗岩 LA－MC－ICP－MS 锆石 U－Pb 年龄及成因讨论》，载于《中国地质》2016 年第 3 期。

[30] 张之一：《关于黑土分类和分布问题的探讨》，载于《黑龙江八一农垦大学学报》2005 年第 1 期。

[31] 郑度、陈述彭：《地理学研究进展与前沿领域》，载于《地球科学进展》2001 年第 5 期。

[32] 周德泉：《工程地质实践教程》，中南大学出版社 2014 年版。

[33] 朱鹤健：《土壤地理学》，高等教育出版社 2006 年版。

附 录

表 1　　　　　　　　　　　土壤剖面记录表

调查地点：　　　　　天气：　　　　　气温：　　　　　摄氏度：　　　　　相对湿度：

剖面野外编号		地势、坡向、坡度		GPS 定位	
土壤名称		调查时间		调查人	

土壤剖面环境条件									
地形	成土母质	海拔(m)	自然植被	地下水位	地下水质	侵蚀情况	排灌条件	农业利用方式	
土壤剖面位置说明及示意图									

土壤剖面性态描述												
	深度(cm)	颜色	质地	结构	紧实度	孔隙	动物穴及其填充物	土壤湿度	植物根系	新生体（类别、形态、数量）	侵入体	碳酸盐反应	pH值
剖面图层次													

·163·

表 2   **植物群落样地（草本）调查记录表**

样地号与性质：					群落名称：				
调查填表时间：					行政地点：				
样地生态综述					样地绝对位置	北纬：			
						东经：			
						高程：			
群落特征综述					总盖度（%）				
项目	高度（cm）		密度（个体或丛数）		盖度（%）	频度	生物量	频度样方（对应处画钩）		
序号 植物名称	最高数	平均数	数量	平均数	平均数	（样地数）	（g/m²）	1	2	3
1										
2										
3										
4										
5										
6										
样地周围能见到的植物有：